零基础快速看懂财务报表

LING JICHU KUAISU KANDONG CAIWU BAOBIAO

秒懂财报　一看就会

台湾地区最受欢迎的财报书

伍忠贤　著

SPM 南方传媒 | 广东经济出版社

·广州·

图书在版编目（CIP）数据

零基础快速看懂财务报表 / 伍忠贤著. —广州：广东经济出版社，2022. 6

ISBN 978-7-5454-6339-2

Ⅰ. ①零… Ⅱ. ①伍… Ⅲ. ①会计报表—会计分析 Ⅳ. ①F213.5

中国版本图书馆CIP数据核字（2022）第132322号

责任编辑：陈念庄
责任技编：陆俊帆

零基础快速看懂财务报表
LING JICHU KUAISU KANDONG CAIWU BAOBIAO

出版人	李　鹏
出　版 发　行	广东经济出版社（广州市环市东路水荫路11号11～12楼）
经　销	全国新华书店
印　刷	珠海市国彩印刷有限公司 （珠海市金湾区红旗镇永安一路国彩工业园）
开　本	730毫米×1020毫米　1/16
印　张	18.75
字　数	423千字
版　次	2022年6月第1版
印　次	2022年6月第1次
书　号	ISBN 978-7-5454-6339-2
定　价	50. 00元

图书营销中心地址：广州市环市东路水荫路11号11楼
电话：（020）87393830　邮政编码：510075
如发现印装质量问题，影响阅读，请与本社联系
广东经济出版社常年法律顾问：胡志海律师

作者序

——用财务报表替公司做健康检查、选股

你有没有每天定时量血压？你有没有定期做身体健康检查？量血压、验血、验尿及测骨密度，花 1 小时进行简易体检，可以初步判断心脏、血管、肝、胰（血糖高低）、肠（通过粪便潜血检查筛查直肠癌）等器官的健康程度。高端健康检查可以提供更全面、更深入的身体状况数据。

一、公司健康检查：财务报表分析

如同医生可以根据检验单、检查单诊断病人的健康状况一样，公司的财务报表也可以呈现公司的“健康状况”，由图 1 可见：

横轴：财务报告，分成财务报告和财务报表以外两方面。

纵轴：关心公司财务报告的人，分成公司内部和公司外部，其中公司外部包括社会团体、银行、股票投资人、债券投资人等。

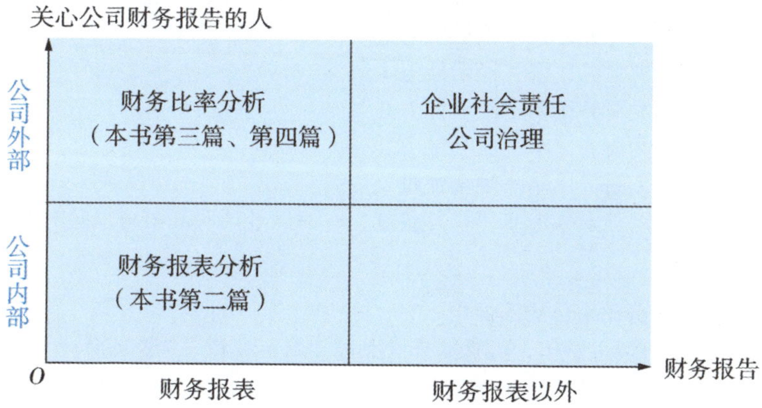

图 1　财务报表分析

二、本书内容

本书可分成两部分：基本知识（第一篇）、中阶知识（第二篇、第三篇、第四篇）。说明如下。

1. 第一篇（第 1～3 章）：财务报表快易通

不管你有没有学过会计学，我们通过台积电（全名为“台湾积体电路制造股份有限公司”，本书简称“台积电”）的损益表（第 2 章）、资产负债表（第 3 章）来让你快速掌握四种财务报表中的两种重要财务报表。

2. 第二篇（第 4～8 章）：财务报表分析

许多大学、企业管理顾问公司都开设了“企业诊断”的课程，我将公司损益表结构与对手（或标杆）做比较，可大略判断各部门主管能力高低或投资是否足够。

第 4 章　财务报表分析的方法。

第 5 章　损益表切入的财务报表分析——结构分析。

公司中的各职能部门（研发、制造、业务、财务、人力资源等），可视为公司这个有机体的各个“器官”，必须分门别类地了解各个“器官”的健康状况。

第 6 章　资产负债表切入的经营绩效分析。

第 7 章　研发费用——研发部的投入面。

第 8 章　制造部、业务部的绩效衡量。

3. 第三篇（第 9～10 章）：财务比率分析导论

本书将中国台湾地区证券交易所、证券柜台买卖中心对上市、上柜财务报表的 6 类、22 个财务指标作为本书主要的架构论述。财务指标可归责（课责）至股东、董事会、总经理及各职能主管（大多为副总级）。

第 9 章　财务比率分析快易通。

第 10 章　财务比率分析的合并运用——以台积电为例。

4. 第四篇（第 11～17 章）：财务比率分析专论

第 11 章　一类财务指针“财务结构”——公司股东会与董事会。

第 12 章　二类财务比率“偿债能力”。

第 13 章　三类财务比率“经营能力Ⅰ”。

第 14 章　三类财务比率“经营能力Ⅱ”。

第 15 章　四类财务比率“获利能力”。

第 16 章　五类财务比率“现金流量”。

第 17 章　第六类财务比率“杠杆程度”——营业风险和财务风险的衡量。

三、本书特色

1. 易懂：财务比率公式图像化

我是大学本科以上学历，可我从来没上过“财务分析”“管理会计”的相关课程，我接触财务完全是因为 1990 年在某综合证券公司研究部担任研究员时，每周需提报两只推荐个股。10 页的“公司报告”中有 1 页是财务比率分析，我写到第三周时便不用看公式了。所以本书强调了解 6 类财务比率、22 个财务指标的精神。通过固定格式来呈现公式、中英文名词对照，并且以损益表、资产负债表和现金流量表的形式来呈现财务比率公式中分子、分母的位置，运用图表记忆方式，易懂又易记。

2. 实用：台积电财务比率的分析

财务指标辅以台积电 2016 年财务报表上的数字，套进财务比率公式，计算出结果，以便能“即知即行”。本书还对台积电 2016 年财务报表进行了三种分析：趋势分析、当年（2016 年）分析、对手分析（台积电与联华电子比较）。

3. 上网查财务比率

上网查任何一家公司的财务比率的时候，建议从其年报入手，或许会多耗费些时间，但获得的是一手的数据，且一定正确。

表 1　本书三大内容

5W2H 中的部分	功能	说明
Why	知其所以然	“通则久”，本书能近取譬、举一反三地说明财务比率的公式、中英文名词，且分别做到让你能学通，如此则易懂易记
What	知其然	6 类、22 个财务指标分别以单元清晰地进行说明
How	“会运用”是本书的重点。说明各财务比率在公司经营（董事会）、管理（管理阶层）中的含义	本书以 22 个财务指标贯穿始末。各有一个单元以台积电为例，将 2016 年财务报表上的数字套进财务比率公式，让读者学会活用公式

四、感谢

财报分析涵盖财务管理及会计（到中等会计学程度）知识，针对公司数字的诠释，涉及产业分析和公司分析。笔者才疏学浅，感谢下列专家学者协助，增益本书内容。

（1）“中华大学”校长刘维琪教授（给予建议）。

（2）台湾经济新报社社长钟俊文（提供数据方面的协助），信用评等部协理李冠皓（提供宝贵意见）。

（3）真理大学会计信息系陈俊卿教授。

（4）资诚文教基金会董事长薛明玲。

（5）学生助理洪鼎育、陈柔静（协助收集资料）及吴俐仪、吴冠勋（协助打字）。

伍忠贤

谨志于新北市

目　录

第一篇　财务报表快易通

第 1 章　财务报表分析的用途 …… 2
1－1　财务报表快易通 …… 3
1－2　财务报表分析的用途——为什么要学 …… 5
1－3　财务报表分析的前提——玩真的 …… 7
1－4　财务报表编制准则 …… 9
1－5　本书的财务报表分析方法论——产业分析与公司分析导向 …… 11
1－6　财务报表分析的两门基本课程 …… 13
第 2 章　认识损益表——营收、成本费用和获利 …… 15
2－1　损益表快易通 …… 16
2－2　公司各项成本率与费用率 …… 18
2－3　营业成本 …… 20
2－4　四种行业的成本率 …… 22
2－5　原料成本率 …… 24
2－6　薪资成本 …… 26
2－7　制造费用 …… 28
2－8　营业净利、税前净利与净利 …… 30
2－9　损益表上获利的中英文名词 …… 32
第 3 章　认识资产负债表 …… 35
3－1　资产负债表快易通 …… 36
3－2　应收账款 …… 38
3－3　存货 …… 40
3－4　存货之评价 …… 42
3－5　存货水平的决定因素 …… 44
3－6　无形资产：资产负债表角度 …… 46
3－7　应付账款 …… 48

第二篇　财务报表分析

第 4 章　财务报表分析的方法 …… 52
4－1　财务报表分析的方法 …… 53
4－2　财务报表中的趋势分析 …… 55
4－3　营收与净利的成长幅度——以台积电为例 …… 57
4－4　月、季、年成长率 …… 59

4-5 财务报表分析的方法——与同时期对手公司比较 …… 61
第5章 损益表切入的财务报表分析——结构分析 …… 65
5-1 公司三权分立——股东所有、董事会经营与总经理管理 …… 66
5-2 企业诊断的种类——损益表结构是公司的体检报告 …… 68
5-3 各功能部门绩效判断——从损益表中可以慧眼识英雄 …… 70
5-4 损益表上成本、费用的负责部门 …… 72
5-5 台积电与联电损益表对比 …… 74
5-6 董事会最关键决策——制造（自制对比外包） …… 76
5-7 劳工、机台生产力 …… 78
5-8 台积电的员工生产力 …… 80
第6章 资产负债表切入的经营绩效分析 …… 83
6-1 权益报酬率——股东最切身的事 …… 84
6-2 权益报酬率分解——杜邦方程式 …… 86
6-3 台积电与联电的权益报酬率——杜邦方程式的运用 …… 88
6-4 获利目标——权益报酬率在20%以上 …… 90
6-5 台积电董事会 …… 92
6-6 董事酬劳 …… 94
第7章 研发费用——研发部的投入面 …… 97
7-1 为什么本书考虑研发、营销费用 …… 98
7-2 研发费用 …… 100
7-3 研发密度与研发杠杆倍数 …… 102
7-4 台积电研发部组织设计 …… 104
7-5 台积电的研发费用 …… 106
7-6 台积电的研发密度与研发杠杆倍数 …… 108
第8章 制造部、业务部的绩效衡量 …… 111
8-1 制造部负责的绩效 …… 112
8-2 资本支出 …… 114
8-3 资本支出的形式 …… 116
8-4 台积电的资本支出Ⅰ …… 118
8-5 台积电的资本支出Ⅱ——从2016年起 …… 120
8-6 资本支出周转率 …… 122
8-7 台积电的资本支出周转率 …… 124
8-8 营销费用 …… 126
8-9 营销密度 …… 128
8-10 台积电与联电营销费用比较 …… 130

第三篇 财务比率分析导论

第9章 财务比率分析快易通 …… 134
9-1 公司财务比率与健康 …… 135

9－2　财务报表分析指标特写 …… 137
9－3　六类财务比率的因果 …… 139
9－4　财务比率的范围 …… 141
9－5　公式好好记——四类财务比率 …… 143
9－6　财务比率的补充说明 …… 145
9－7　公式好好记——比率与倍数 …… 147
9－8　财务比率操纵——以应收账款、存货周转率为例 …… 149
第10章　财务比率分析的合并运用——以台积电为例 …… 153
10－1　台积电身体健康检查 …… 154
10－2　财务结构与偿债能力 …… 156
10－3　经营能力 …… 158
10－4　获利能力 …… 160
10－5　现金流量比率与杠杆程度 …… 162

第四篇　财务比率分析专论

第11章　财务比率一类财务结构——公司股东会与董事会 …… 166
11－1　股东会与董事会负责的财务指标 …… 167
11－2　财务结构 …… 169
11－3　负债比率 …… 171
11－4　台积电的负债比率 …… 173
11－5　长期资金占固定资产比率 …… 175
11－6　台积电的长期资金占固定资产比率 …… 177
第12章　财务比率二类偿债能力 …… 181
12－1　偿债能力快易通 …… 182
12－2　台积电的偿债能力 …… 184
12－3　流动比率 …… 186
12－4　台积电的流动比率 …… 188
12－5　速动比率 …… 190
12－6　台积电的速动比率 …… 192
12－7　利息保障倍数 …… 194
12－8　台积电的利息保障倍数 …… 196
第13章　财务比率三类经营能力Ⅰ …… 199
13－1　经营能力指标——衡量各部门经营管理能力 …… 200
13－2　台积电的经营能力 …… 202
13－3　分解经营能力指标——周转率专论 …… 204
13－4　应收账款周转率 …… 206
13－5　台积电的应收账款周转率 …… 208
13－6　平均收现日数——应收账款周转日 …… 211
13－7　台积电的平均收现日数 …… 213

13－8 平均销货日数——以台积电与联电为例 …… 215
第14章 财务比率三类经营能力Ⅱ …… 217
14－1 存货周转率 …… 218
14－2 台积电的存货周转率 …… 220
14－3 应付账款周转率——以台积电与联电为例 …… 222
14－4 固定资产周转率 …… 224
14－5 台积电的固定资产周转率 …… 226
14－6 资产周转率——台积电的资产周转率 …… 228
第15章 财务比率四类获利能力 …… 231
15－1 获利能力指标——以台积电为例 …… 232
15－2 获利能力分类与负责部门——董事会、管理层 …… 234
15－3 台积电与联电获利能力比较 …… 236
15－4 台积电的资产报酬率 …… 238
15－5 每股盈余 …… 240
15－6 台积电的每股盈余 …… 242
15－7 台积电的经营绩效与股价 …… 244
15－8 股价与本益比的关系——以台积电为例 …… 246
第16章 财务比率五类现金流量 …… 249
16－1 现金流量表的运用情况 …… 250
16－2 现金流量表快易通 …… 252
16－3 现金流量类财务比率快易通 …… 254
16－4 现金流量比率、现金速动比率 …… 256
16－5 台积电的现金流量比率 …… 258
16－6 净营业现金流量允当比率 …… 260
16－7 台积电的净营业现金流量允当比率 …… 262
16－8 现金再投资比率 …… 264
16－9 台积电的现金再投资比率 …… 266
第17章 财务比率六类杠杆程度——营业风险和财务风险的衡量 …… 269
17－1 公司风险快易通 …… 270
17－2 杠杆程度快易通 …… 272
17－3 从营业杠杆程度来看损益两平点 …… 274
17－4 营业杠杆程度——营业风险的衡量 …… 276
17－5 财务风险衡量 …… 278
17－6 财务杠杆程度——财务风险的衡量 …… 280
17－7 两种杠杆程度——以台积电为例 …… 282

第一篇　财务报表快易通

第 1 章　财务报表分析的用途
第 2 章　认识损益表——营收、成本费用和获利
第 3 章　认识资产负债表

第 1 章
财务报表分析的用途

1－1　财务报表快易通

1－2　财务报表分析的用途——为什么要学

1－3　财务报表分析的前提——玩真的

1－4　财务报表编制准则

1－5　本书的财务报表分析方法论——产业分析与公司分析导向

1－6　财务报表分析的两门基本课程

1－1 财务报表快易通

许多专有名词都是复合字，如同复合物可以分解成化学元素，例如：

H_2O	电解→	H_2		O
财务报表分析	→	财务报表	+	分析
（简称“财报分析”）		以四种财务报表为主		成长率、比率

由于有些读者希望了解财务报表，因此本单元先概括介绍四种常见的财务报表，详见表1－1。

表1－1　四种常见的财务报表

损益表		资产负债表	
营收		资产	负债
－营业成本 原料 直接人工 制造费用 ＝毛利 －营业费用 ＝营业净利 ＋营业外收入 －营业外支出 ＝税前净利 －所得税费用 ＝净利		流动资产 现金及约当现金 应收账款 存货 非流动资产 转投资 固定资产	流动负债 非流动负债 业主权益 特别股 资本额 资本公积 保留盈余
现金流量表		**权益变动表**	
性质	(1)流入(2)流出 (3)净现金流入＝(1)－(2)		2016年 2017年
一、营业活动 二、投资活动 三、筹资活动		1. 普通股 2. 资本公积 现金增资 溢价 认股权 盈余 3. 保留盈余 4. 其他权益	

一、财务报告包含财务报表

由图 1－1 可见，根据横轴（正式程度）、纵轴（财务性质），可以发现财务报告包括财务报表（简称“财报”）。财报是指公司对外提供的正式财务报告。

“对外”：公开信息。

“正式”：公司董事长、签证会计师会在报表上签名，以示负责。常见的财务报表有四种，依据流量、存量分成两类。

（1）流量（从 1 月 1 日起至某一天）：损益表、现金流量表、权益变动表（有写成“股东权益”“业主权益”的，本书统一简称“权益”）。

（2）存量（某一天）：资产负债表。

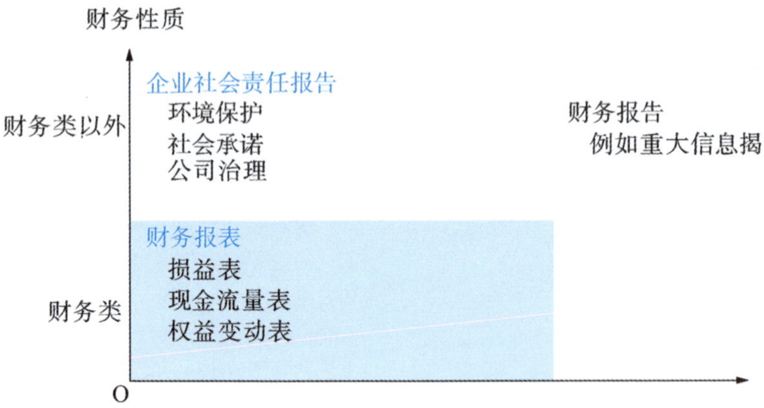

图 1－1　流量类财报

二、流量类财报

流量类财报有以下三种。

1. 损益表（I/S）

你家一年收入 100 万元[①]，支出 80 万元，结余 20 万元，这可以看作你家的损益表；同样地，公司损益表也是表达公司在应记基础上的亏损或净利的情况。

2. 现金流量表

损益表是应记基础，建立在现金基础上，即只考虑现金收入、现金支出的情况下，称为“现金流量表”，其中营业活动的现金流量可以看作现金基础的损益表。

3. 权益变动表

在图 1－1 中，权益变动表可以说是资产负债表的权益部分的局部放大，是权益项目的流量表。

三、存量类财报：资产负债表（B/S）

公司资产负债表分成左右两栏，意义如下：

（1）资产负债表左栏：资产，资金去向。

（2）资产负债表右栏：负债加权益，资金来源。

---

① 本书除注明外，均指新台币。

1－2 财务报表分析的用途——为什么要学

人们在做一件事之前，都会问“为什么要做”，当做这件事的好处越多时，去做这件事的动机就越强，而且会做得更好、更久。

同样地，本书从工作、投资、生活三个层面说明“为何而学”，学习动机越强，学习效果就越好。

一、学习的动机

你为什么学投资学？有些投资人是全职的，例如在证券、投信、投顾、期货公司上班，人数约2.2万人，懂投资知识是工作所需。

大部分投资人的答案是“投资赚钱”。中国台湾地区有130万人在证券公司开户（俗称“投资人”，中国大陆称为“股民”）。台湾有147只开放型台股基金，约60万位定期定额投资人，其中群益投信马拉松基金规模破百亿元。

有些人买股票是为了打发时间，使精神有寄托，可以在跟人讨论时有话题，日子比较好打发。

大部分财务管理课程的功能都是工作、投资、生活，人们只需有一个学习动机就会努力，有两个学习动机会更专心，有三个学习动机就会很专心很努力。

用投资管理的课程、书籍来比喻财务报表分析（简称“财报分析”）很贴切，本篇第2、第3章从公司（本书主要对象为号称“台股权值王”的台积电）主管、公司外界人士两种角度来分析“为何而学”。先看一下表1－2。

表1－2 关心公司财务报表的内、外部人士

公司外部	公司内部：组织层级
• 会计师事务所、证交所、金融服务机构：证券公司的投资（价位）评等 • 股票投资人 • 银行 • 债券投资人 • 金融服务机构：信用评等公司	一、股东 二、董事会 三、总经理 四、功能部门 （一）核心功能部门 1. 研发部 2. 制造部 3. 业务部 （二）支持功能部门 1. 财务部 2. 人资部 3. 信息部

二、公司内部用途

人去医院做健康检查，量血压、验血、验尿、验粪便、测骨密度，主要是想了

解胰（血糖）、肝、肠（尤其是直肠）等器官是否健康。更细的健康检查可判断心肺等的健康程度。

财报分析常用6类（22个，台积电23个，多了“稀释每股盈余”）财务比率，让上至股东、董事会，下至功能部门（如同人的器官）主管可以据此关键绩效指标（KPI）来判断公司各方面的健康程度。

简单地说，财务比率可说是公司的健康检查数字，比如人的空腹血浆血糖超过7.0毫摩尔/升有可能是患了糖尿病，财务比率中的应收账款平均收现日数很像是公司的“血糖值”。

三、公司外界人士用途

许多公司外界人士跟公司利益息息相关，俗称“利益关系人”。透过公司财报，可以八九不离十地了解公司的相关重点。

知识维生素

公司财务报表外界主要使用者——债券、股票投资人

会计人士（学者、从业人员）喜欢说：“会计（主要指财务报表）是企业的语言。”

1. 债权人主要关心偿债能力。由表1－2可见，公司债权人主要关心的是公司的偿债能力。债权人包括以下三类。

- 银行。以2017年40家台湾本地区银行放款约23兆元为例，45%的放款对象是企业，约10.35兆元。
- 债券投资人。公司债券余额约2兆元、金融债券约1.25兆元，小计3.25兆元；另有政府公债5.3兆元，主要是由“中华邮政公司”购买。
- 公司。大部分公司资产负债表账上都有应收账款（包括应收票据），即商业授信，担心被倒账。

2. 股票投资人主要关心股票的获利能力，股票型基金投资人主要关心公司的获利能力，证券公司等费尽心思预测公司未来的营收等数字，以提出“未来一年每股盈余”（俗称“预估每股盈余”），乘以预测本益比，便是投资价位。许多投资人以此作为买卖股票的依据。

1-3 财务报表分析的前提——玩真的

当你拿到一家公司的财务报表时，该怎么办？我的看法是先判断财报的可信程度，详见表1-3第一栏，分两个步骤，说明如下。

表1-3　公司财务报表可信程度

可信程度	财报签名	说明
100%	一、双签 会计师意见 1. “无”保留意见 2. “修正式”保留意见 3. 保留意见 4. “非无”保留意见 （1）无法保留意见 （2）相反意见	会计师查核报告书
80%以上	二、联合会计师双签 公司 1. 全部监察人（或独立董事） 2. 董事长 3. 总经理 4. 会计主管	联合是指两位以上合伙会计师，双签是指两位会计师签证。有名的联合会计师依规模俗称“四大、七中、十五小”，监察人审查报告或审计委员会查核报告书

一、签证会计师的意见

1. 谁签证的

财报为了以昭公信，必须委托独立的会计师事务所的会计师来签证。

股票公开发行公司由于资本额大（一般2亿元以上）、股东人数多（记名股东1,000人以上），为保障股东、债权人等的权益，证交所、柜买中心要求公开发行公司财报由同一会计师事务所的两位会计师签证，简称“双签”。

以台积电为例，由勤业众信联合会计师事务所两位会计师高××、黄××签证，署名前者为主签（会计师）。每满5年，副签会计师会换人，副签会计师的主要功能在于防止主签会计师出错或造假。

2. 会计师意见

翻到公司年报之第六项“财务概况”，你会看到会计师查核报告书，直接看最后一段会计师意见，95%以上是表中的“无”保留意见。也就是说，会计师已尽其最大努力查核，没发现该公司财报有重大问题。要注意的是保留意见。

运用财团法人金融联合征信中心的“会计师查核意见”数据库，可以快速查询公开发行公司财报签证会计师的意见。

二、公司的用印

公司内部控制制度分成两层级：独立董事（或监察人）监督董事会，总经理和会计主管牵制董事长。

1. 监察人审查报告

有些公司是三位监察人在一份报告上盖章，有些公司（如鸿海科技集团）是一位监察人盖章。

在以独立董事取代监察人的趋势下，由审计委员会出具审查报告，名称有“审查”“查核”报告（书）。

2. 三级章

四种财报下方都会有公司三级（董事长、总经理、会计主管）的章。

三、财报可信赖程度

由表1－3第一栏可见公司财报可信程度，套用信用评等公司对公司信用（或违约率）的评等，更容易了解。详见“知识维生素”。表1－4是全球四大会计师事务所。

表1－4　全球四大会计师事务所

美国名称	KPMG	Deloitte	PwC	Ernst & Young
中国台湾名称	安侯建业	勤业众信	资诚	安永
中国大陆名称	毕马威	德勤	普华永道	安永

知识维生素

窗饰小档案

原意：商店把商品等摆在橱窗，通过美化展示让商品卖相更好。

延伸：人化妆、屋刷油漆等美化皆可称为“窗饰”，但本质不变。

会计上的含义：财报上的人为美化，一般有可能是财报舞弊。

投资上的含义：共同基金的基金经理年底“作账”。

1-4 财务报表编制准则

联合国人类住区规划署对各国老人有放之四海而皆准的规定，即65岁以上的人，而中国大陆退休年龄男性为60岁、女性为50岁起，因此银发族指60岁以上的退休人士。在计算老年人口占总人口、劳动人口比率时，中国大陆的年龄门槛应往下微调。

在财报编制时，也出现了这种情况，本单元说明之。

一、适用会计准则

分析财报时，须先了解财报编制的会计准则基础，详见表1-5。

表1-5 适用的会计准则

公司规模	适用商业会计处理准则	说明
一、大型企业（指股票公开发行公司）	2013年版国际财务报告准则（IFRS）	
二、中小企业（指股票未公开发行公司）	跟国际财务报告准则观念相同且更简易的企业会计准则公报约150页，包含准则、释例、问答及在准则中的豁免和不追溯条款，例如年报编写有误，在错误处加注即可。企业实行公允价值，要是没有公允价值可供参考，可以弹性选择历史成本法	1. 综合损益表加入“其他综合损益” 2. 资产负债表 • “生物资产”收成的农产品，在原始认列时，应以收成点的公允价值衡量 • 认列“廉价购买”企业收购时廉价购买的利益 • “投资性房地产”以投资为目的的房地产可以采取公允价值衡量

1. 上市、上柜公司财报采用国际财务报告准则

从2013年起，有关部门要求股票上市、上柜公司财报编制方法采用国际财务报告准则（IFRS）。以股票集中交易市场为例，外资持股比率为39%。

最简单的说法，便是四种财报分为合并（自己加子公司）报表与个体（自己，俗称“单家”）报表，以合并报表为准。

由表1-5可见，大型企业是指股票公开发行公司（一般指资本额2亿元以上）。

2. 中小企业适用“在地版”的企业会计准则中小企业的定义

工业中的制造业资本额在8,000万元以下或员工人数在200人以下；其他行业营收在1亿元以下或员工人数在100人以下。

由表1－5可见，从2016年起，中小企业财报适用企业会计准则公报，这是国际财务报告准则的简易版，以适应较简单的财报状况、会计人员较少的中小企业。

二、财报内、财报外

在使用公司的财报时，要特别注意财报以外的重大项目。

1. 财报内：财报

四种财报常见的是每种一页，顶多两页，四种财报顶多八页。

2. 财报外：财报附注

财报以外的事项主要是指财报的附注，补充说明财报上（尤其是资产负债表）的数字。

最常见且重要的附注项目如下：

(1) 资产的可回收金额及减损金额，涉及未来流量、折现率的估计。

(2) 金融资产公允价值的决定，决定评价模型中所使用的市场价格或利率等参数。

(3) 或有负债，例如对进行中的诉讼未来可能要赔偿多少，公司在此时要估列负债（如退休金负债）账上应该认列多少金额。

知识维生素

财务报表涵盖对象：个体报表和合并报表

由于国际财务报告准则（IFRS）在全球120个国家普遍使用，因此财务报表（损益表）一般都采取合并报表。

1. 合并报表。

合并报表是指依据权益法，把“够大”的子公司损益表合并计算。一般来说，母大子小，所以合并报表只有“小增胖效果”；但当母小子大时，合并报表便会“母以子为贵”。

2. 个体报表。

单家或个体报表是指只考虑本公司的财报。

1-5 本书的财务报表分析方法论——产业分析与公司分析导向

一、财报分析的优点、缺点

能近取譬很容易让人了解，许多人都知道股票（外汇、商品）的技术分析，财报分析的性质与之很像。

1. 优点——看图说话

财报分析认为所有经营绩效皆反映在财报上，一旦财报是真的，便可以依据一些技巧（例如6类财务比率）去分析，进而做出决策。

2. 缺点——数字不会说话

技术分析的缺点是准确度约70%，有时会误判，即看多但大盘却变空，这是技术分析的盲点。有时技术指标会出现钝化情况，即10个指标有5个看多、5个看空，或单一指针处于平均线（例如RSI 50），很难看出会转多或转空。

二、财报分析的演化

同样地，财报分析的方法也与时俱进，在原财报的基础上进行更深入、更有高度的分析。

1. 横轴——财报比率范围

财报分析的6类财务比率是逐渐演化的，可称为“基本版”，本书延伸到更大范围，见图1-2。

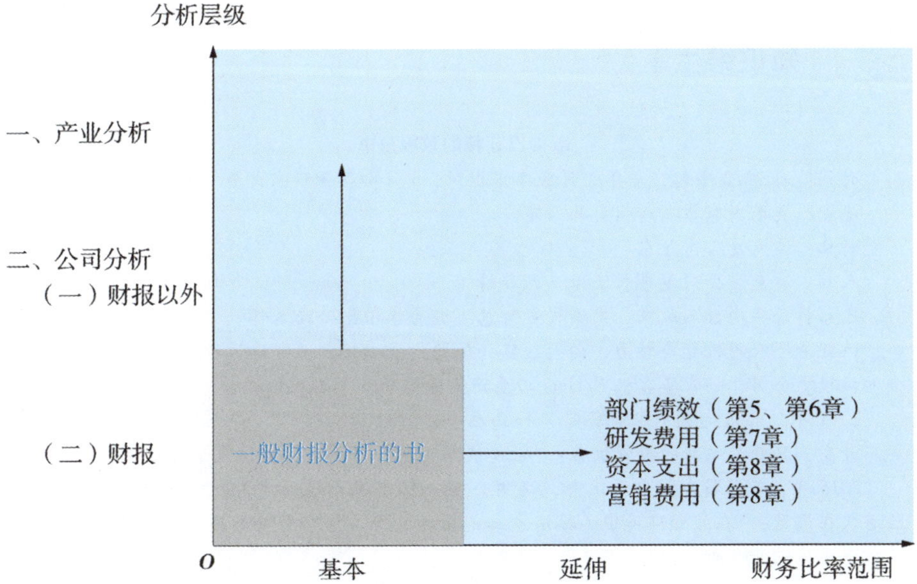

图1-2 本书比一般财报分析的书范围更广

(1) 技术密型集公司注重研发费用，详见第 7 章。

(2) 资本密集型公司注重资本支出，详见第 8 章。

(3) 品牌公司注重营销费用，详见第 8 章。

2. 纵轴——分析的组织层级

飞机飞在云层中往往难以判断方向，为了避免撞山等情况，较简单的做法是往上飞出云层。图 1－2 纵轴依据公司的基本分析甚至产业分析，站在更高角度来解读财务数字。

自 2001 年美国少数上市公司财务报表造假风暴（例如安然事件）以来，会计师事务所越来越重视产业分析，以验证公司营收数字是否造假。

小博士的话

股票技术分析与财报分析比较

项目	股票技术分析	财报分析
优点	只靠价量资料分析决定买卖点	只靠财务比率了解公司
缺点	1. 盲点 2. 钝化	1. 盲点 2. 钝化

知识维生素

股神巴菲特的致股东书

时间：自 1972 年起，每年 2 月底年报出炉，5 月初召开股东大会

地点：美国内布拉斯加州奥马哈市

对象：波克夏公司股东

人物：波克夏公司董事长沃伦·巴菲特

巴菲特每年均致函股东，充满投资智慧，成为华尔街必读之作。

他凭着个人的机智与魅力，向大众宣扬他的投资心得，通常透过致股东书强调他最钟爱的被投资公司，如豪华客机 NetJets 与生产棒棒糖的 Sees Candies。

2011 年，巴菲特赋予伊索寓言“一鸟在手，胜过两鸟在林”新含义，用来解释利率迟不升高，只好另寻新的投资机会：“敞篷汽车里的一个女孩，胜过电话簿里的五个。”

2015 年，巴菲特以蟑螂做比喻，说明公司一旦出现难堪的意外，就代表还有许多风险潜伏在周遭：“在经营环境中，坏消息总是接连浮现。你家厨房出现一只蟑螂，过几天你就会遇见它的亲戚。”

（整理自《经济日报》，2016 年 2 月 27 日 A9 版）

1－6 财务报表分析的两门基本课程

“万变不离其宗”（“万变”源自荀子，“不离其宗”源自庄子）是我们治学最基本的观念，许多学问都来自同一个源头。

本书讲的财务报表分析，光看名字，大抵可推理出两个基本知识，详见图1－3。因此，大学里的会计系、财管系、企管系都开有相关课程。

（1）会计学。

（2）财务管理。

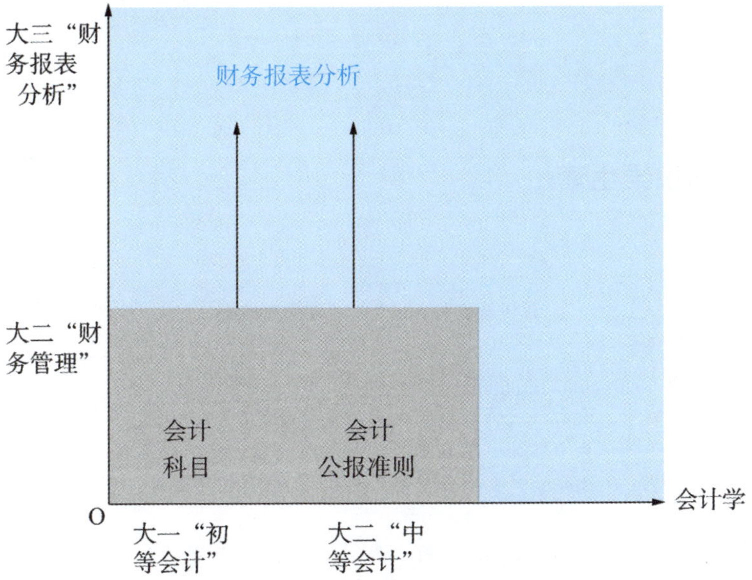

图1－3 财务报表分析所需具备的基本知识

一、会计学基础

由图1－3横轴可见，财报分析主要奠基于会计系两门课程。

1. 大一“初等会计”财报上的会计科目

财报中的损益表、资产负债表（顶多加上现金流量表）是财报分析的核心，表上的会计科目与汇总名称（例如资产负债表上的资产分成流动资产、非流动资产）在本书各章中第一次出现时，皆会有定义说明。

2. 大二“中等会计”

“中等会计”非常重要，公司董事长必须懂，但会计公报、准则（各上市公司财报的每个会计科目皆会在财报附注栏中说明）非常专业，本书直接给出结论，至少让读者明白其规定。

二、大二的财务管理

财报分析中的分析公式主要来自大二《财务管理》课本。

1. 十个字说明财务管理

大二的财务管理，可用十个字形容："把财务报表管理好的事"。

此处的财务报表主要是指资产负债表。

2. 接力赛

大二的"财务管理"是财管系列课程（投资管理、财报分析、国际财务管理等）的入门、基础，其中以一章说明财报分析，用广角镜头让我们看全貌，再聚焦在资金结构、经营和获利能力方面。

我在写《图解财务管理》《图解财务报表分析》时也是如此，即希望做到无缝接轨，在重要部分交代在财务管理书中的"缘起"，类似电视连续剧的"前集提要"。

知识维生素

总统看懂财务报表，决定国家前途

时间：2017 年

地点：美国

人物：雅各布布·索尔（美国南加州大学历史暨会计学教授）

事件：他的著作《大查账——掌握账簿就是掌握权力，会计制度与国家兴衰的故事》的英文原书名为 *The Reckoning*，直译为"计算之意"，强调领导者对计算的态度与计算的质量，决定了一个国家的兴盛与衰败。

作者通过对历史的归纳，明确地指出"会计师才是推动历史的人""国之兴亡，必有会计""任何一个精通国王账册的人，都会变得比国王更有力量"。

（摘自《工商时报》，2017 年 5 月 21 日 A15 版）

第 2 章
认识损益表——营收、成本费用和获利

2－1　损益表快易通
2－2　公司各项成本率与费用率
2－3　营业成本
2－4　四种行业的成本率
2－5　原料成本率
2－6　薪资成本
2－7　制造费用
2－8　营业净利、税前净利与净利
2－9　损益表上获利的中英文名词

2-1 损益表快易通

人类自有商品交易以来，从小摊贩到大企业，只要知道两个数字，便知道“这生意该不该做”，简单地说：

$$商品单价（P）-平均成本（AC）>0$$

一、19 世纪经济学者的用词

$$A\pi = P - AC$$

再乘以销量（Q）

$$\pi = (PQ) - (AC \times Q)$$
$$= TR - TC$$
$$利润 = 总收入 - 总成本$$

例如：番石榴售价 30 元/斤（1 斤 =500 克），平均成本 18 元/斤，卖出 100 斤，则

$$\pi = （30 元/斤 \times 100 斤）-（18 元/斤 \times 100 斤）$$

这个道理很简单，一个番石榴零售商一天约可赚 1,200 元。

念过经济学的人知道 $\pi = TR - TC$。

二、自 20 世纪 20 年代起，财务报表大一统

会计的起源大约在 1494 年，当时便有系统的会计记账方式。

1. 1934 年美国证券交易所

1929 年 10 月美国纽约证券交易所崩盘，1934 年证券交易法实施，对上市公司财务报表编制有比较一致的规定。

2. 1939 年美国会计师协会

1939 年美国会计师协会在年会上首次公布美国一般公认会计原则（US GAAP），使美国上市公司在财报编制方面具备一定的基础。

三、损益表

损益表（I/S）的英文本义是净利表，净利是营业收入减营业成本、营业费用后的经营绩效。

1. 营业收入

公司产品售出 102 亿元，有 2 亿元被退货，所以营业收入净额是 100 亿元。为了便于交流，每家上市公司皆将营业收入简称为“营收”，为公司的本业收入；非本业的营业收入标示为营业外收入。

由表 1-6 可见，会计科目上的营业收入净额简称“营业收入”，又简称“营收”。

当然，会计学教授一定会说“营收净额”，但大可不必这么精准。原因如下：

（1）营业收入毛额减销货退回称为“营业收入净额”，销货退回开出去的发票也要作废，所幸这占营业收入毛额的比率为 1% 以内。

（2）大部分上市公司的财报都是简式，所以直接写“营业收入”。会计学用

词、财报分析用词：营收净额。经济学用词：总收入（*TR*）。

表1－6　2016年台积电损益表

损益表	金额/亿元	占比/%
营收（净额）	9, 479	100
－营业成本	4, 731	50
＝毛利	4, 748	50
－营业费用	969	10
研发费用	712	7
管理费用	198	2
营销费用	59	1
＝营业净利	3, 779	40
＋营业外收入	113	1
－营业外支出	33	—
＝（税前）净利	3, 859	41
－所得税费用	516	6
＝（税后）净利	3, 343	35

2. 营业成本

有营业收入就会有营业成本、营业费用，三个名词都是以“营业”开头，一以贯之，易懂易记。

2-2 公司各项成本率与费用率

一、奇美实业与金龙记的生意较量

1953年许氏兄弟以200万元创立了奇美实业，1960年1月亚克力投产，2月，跟台北市新雅、台南市金龙记对垒。金龙记的谢董事长是个富商，惯用削价竞争逼退敌手。对手退出市场后，谢董事长立刻调涨3倍价钱，赚取暴利。为了省事，他们把厚至5厘米、薄至1厘米的亚克力皆以重量方式出售，但是薄片亚克力费工，5片薄片亚克力人工成本、制造费用远大于1片厚片亚克力，且薄片较难制作，即良品率较低。

许氏兄弟把薄片亚克力售价定得比金龙记高，客户于是跑去金龙记买，金龙记的薄片做得越多亏得越多，工厂赶货的结果使质量日益下降。许氏兄弟把厚片亚克力售价定得比金龙记低，于是抢得市场大部分订单。同年5月，金龙记不堪亏损倒闭，奇美独占市场。

二、以营收作为分母

你有没有看过1999年的英国电影《新娘百分百》？该片由英国演员休·格兰特与美国演员朱莉娅·罗伯茨主演。一开始时，我搞不懂为何中国台湾地区把原片名"诺丁山"译为"新娘百分百"，直到片尾时才体会到，女主角卸下美国奥斯卡最佳女主角得主的巨星光环嫁到英国，成为伦敦市西区诺丁山书店的老板娘，并且怀孕，百分百地扮演人妻人母角色。同样地，在财报分析中，也有一个"百分百"。一家公司营收金额每年不同，但是所有成本、费用的存在都是衍生的，是为了支撑营收，因此常以营收为分母，以成本、费用与获利为分子，计算其占营收的比率。

三、营业成本与营业成本率

由表1-7可见，为了突显成本和费用科目，我们把"获利"的名称皆省略掉。

表1-7 损益表上的成本率与费用率

成本率/费用率
一、营业成本率
1. 原料成本率
2. 人工成本率
3. 制造费用率
二、营业费用率
1. 研发费用率
2. 管理费用率
3. 营销费用率

1. 营业成本（又称“销货成本”）

（1）外部人士：只能看到一个大数字。

（2）公司内部人士：可以看到营业成本的三个细项，据以进行管理会计的分析。

2. 营业成本率

营业成本与营收比率，2016 年台积电为 50%，算高营利的。

四、营业费用与营业费用率

1. 营业费用三项

我们习惯以核心活动（研发—制造—营销）的顺序，把三项营业费用列出。

台积电是技术密集型公司（技术密集指研发费用占营收的比率大于 3%），台积电约为 8%。

2. 营业费用率

台积电营业费用率为 11%，算低的。

2-3 营业成本

营业成本是公司为赚到营业收入所直接支出的成本，主要由采购部（负责原料采购）、制造部负责。

一、掌握成本的重要性

台湾经营之神王永庆只读到小学毕业，在经营台湾塑料公司时，以控制成本著称。董事长往往没学过会计学，但多看几次财报，实务自然会引导董事长聚焦于降低成本，那就须从掌握成本率、费用率开始，进而通过鱼骨图等方式来掌握各项成本、费用的动因，这是大二“成本会计”、大三“生产管理”“管理会计”课程的重点。管理学院以外的人士靠补习、自修学习成本会计等相关知识，本书第2、第3章通过财务比率来协助学生、上班族凭借相关数字，快速掌握公司、事业部甚至单一产品、单批产品出货（当成本会计制度健全时）的损益，以进行数字管理。

二、营业成本

损益表上有关商品/服务营收的直属成本称为“营业成本”，小金额除以大金额称为“比率”。

1. 营业成本的成分

由表1-8第一栏可见，营业成本包括三项：原料成本、直接人工成本与制造费用。以制造业来说，营业成本可以说是制造成本；以零售业来说，营业成本可以说是销货成本。

表1-8 营业成本的结构

会计科目/明细	台积电情况（2016年）
营业成本或销货成本	51%
原料成本	
直接人工成本	
制造费用	
折旧费用	24%
维修费	
水电费	
间接人工费用	

2. 没有明细数字

由于许多因素，外人无法从损益表上找到这三个明细科目的数字。

3. 成本的其他分类

在“成本会计”课程中，会把成本再细分为以下两项（以市内电话为例）：

（1）固定成本：基本月租费 300 元。

（2）变动成本：超过基本月租费的部分，短程电话费 3 分钟 1 元。

公司关心的是附加价值。公司附加价值 = 营收 - 原料成本 - 制造费用中的间接人工费用（外包服务费用）。

以便当店一个便当为例：18 元 = 50 元 - 30 元 - 2 元。

三、营业成本率

营业成本除以营收称为“营业成本率”。

营业成本三个科目除以营收可称为“原料成本率”“直接人工成本率”“制造费用率”。

知识维生素

台积电的成本结构

以营业成本率来说。

1. 趋势分析。

2012—2016 年，成本率逐渐降低，从 54.5% 降到 51%，平均每年降 0.85%。由表 1 - 8 可见，折旧费用占营收的 24%，一方面可视为固定成本，另一方面随着一些机器、厂房摊提折旧期满，且仍持续服役，此情况下，折旧费用率会降低。

2. 2016 年成本率。

由台积电毛利率 49% 可换算出成本率为 51%。

知识维生素

亚尼克果子工房公司品项多、成本高，曾亏损

时间：2000 年成立，在新北市万里区，营业面积 7 坪（1 坪 =3. 3058 平方米）

资本额：6, 000 万元

员工人数：170 人（约 10 家店）

人物：吴 × ×

产品：蛋糕，采用前店后厂方式，以平价、中等质量的出品打出知名度，2004 年营业面积达 200 坪。

2006 年，产品品种太多（有马卡龙等），成本高、定价低，以致开始出现亏损。

2007 年，光泉牧场公司入股，曾经一年营收 1.5 亿元，净利 2, 400 万元。

自 2013 年起，靠生乳卷打开市场，2015 年营收 4 亿元，卖出 1 万条，市场占有率 25%。

2－4 四种行业的成本率

很多人都说：泰国是观光大国，往往指的是来自外国观光客的外汇收入占其总产值的10%；英国是金融大国，往往指的是伦敦市位居全球金融中心第一名，其产值占总产值的10%。同理，依各项营业成本率顶多加上研发费用率，可以把工业中的制造业分门别类，这样了解其损益表就简单多了。

一、原料密集型行业

许多行业只是进行原料简单加工，原料成本率往往占60%以上。原料密集型行业的特性是原料库存一个月以上，原料价格上涨时，会有存货评价利得，反之亦然。

1. 电子业

电子业中制造内存模块的著名公司有创见资讯、威刚科技，原料主要是内存(DRAM、Flash、NAND等)，简单加工成为U盘、记忆卡（数字相机、手机SIM卡等)。

2. 传统产业

电线电缆中的铜占营收约40%，一般来说，电线中的漆包线会用PVC（聚氯乙烯）在铜线外做绝缘体。

二、劳动力密集型行业

劳动力密集型行业的特性是劳工人数以数万、十余万甚至百万计算，工厂大都在人口大国（中国大陆、印度尼西亚、印度、孟加拉国)。

1. 电子业

电子业中以组装为主的行业包括连接器/线、面板的后端制程、手机组装等，这些都需要劳工插件，俗称“传统电子业”。

2. 传统产业

制鞋业（宝成国际集团、丰泰企业）、成衣业（儒鸿企业、聚阳实业）是较有名的传统产业中的劳力密集型行业。

三、资本密集型行业

资本密集型行业需砸大钱买机器，摊提巨额折旧费用，显现在营业成本的制造费用中。

1. 电子业

2009年中国台湾四大行业（见表1－9）主要是资本密集型行业，砸钱就可向德国、日本等国整厂输入。

2. 传统产业

石化产业、钢铁产业都是连续生产，工厂内不需要很多工作人员。

表 1－9　工业中制造业的成本特质分类

损益表	比重	原料密集型	劳动力密集型	资本密集型	技术密集型
营收	100%				
原料成本		60%			
直接人工成本			30%		
制造费用				40%	40%
折旧费用				35%	35%
研发费用		低	低	1%	3% 以上
代表行业		**原料密集型**	**轻工业**	**重工业**	**高科技行业**
一、电子业		记忆模块	制造代工（OEM）	DRAM、面板、LED、太阳能，合称“3DIS”	晶圆代工、电子设计代工业（ODM）
二、传统产业		电线电缆、食品	制鞋、成衣	石化、钢铁、汽车	生技制药

2－5 原料成本率

在大部分商品中，原料成本常占营收的40%，是最关键的成本项目，想降低成本就应该从这些地方入手。

一、资料来源

由表1－10可见，原料价格不是公司财报上的必载项目，因此在分析时内外有别。

表1－10 原料成本资料的来源

人士	财务报表	其他
外部人士	不揭露	1. 以手机为例，美国维修网站会拆解手机算出成本 2. 石化、钢铁、电子组件中的内存的供货公司报价
公司内部人士	相关人员可从管理信息系统上看到成本费用	

1. 外部人士

许多原料有公开行情（主要是农矿原料、工业材料），甚至针对重要成品，许多外界公司（如市调、维修公司）都会通过拆解的方式，一一了解零组件的供货公司，进而了解其出厂价。

2. 公司内部人士

公司内部人士经由管理信息系统，可以看到各产品、各月的原料成本、原料成本率。对于对手的资料，也会使出浑身解数地去获得。

二、原料成本是结果

分析原料成本有两个角度：

1. 平均进货成本

由表1－11可见，本公司平均进货成本为100元，标杆公司为90元，即标杆公司进货比本公司便宜一成。

表1－11 影响原料成本的因素

项目		本公司	标杆公司
一、价格	1. 平均售价	250元	243元
	2. 原料成本	100元	90元
	3. 原料成本占营收比率	40%	37%

续表

项目		本公司	标杆公司
二、数量	1. 月（或年）数量		
	2. 急单数量		
三、品质	1. 一般规格	一般规格	
	2. 特殊规格	特殊规格	
四、交货时间		零库存，要求供货公司随时备货供货	安全库存
五、付款方式		应付账款	付现

2. 原料成本率

本公司平均售价为 250 元，原料成本为 100 元，原料成本率为 40%。标杆公司平均售价为 243 元，原料成本为 90 元，原料成本率为 37%。本公司原料成本率高于标杆公司。标杆公司以原料成本低来塑造其价格优势，平均售价比本公司低。

三、影响原料成本的因素

由表 1 - 11 可见，本公司进货成本高，可能有几个原因，唯有对“因”下药，才能降低进货成本。

1. 研发部决定原料规格

当研发部开发出特殊或较高规格的零组件时，有可能有规格过高，但消费者的质量认知无差别的情况，以致用好料却没有好结果。

2. 制造部决定交货时间

当制造部决定采取零库存政策时，供货公司必须在买方旁租仓库，以便限时供货。零库存不一定会降低进货成本。

3. 财务部决定付款方式

当财务部从周转方面考虑，以赊欠方式付款时，将无法享受供货公司所给的现金折扣。

结论是：原料成本、原料成本率高主要不是由采购部、采购部部长来负责。

2-6 薪资成本

公司损益表未显示的有关薪资有两项。合计数字：薪资成本；细项数字：直接人工成本、间接人工费用。由于员工分红数字涉及公司治理，所以会公布。

一、薪资成本

薪资的相关名词有很多，例如用人成本、薪资费用、薪资成本费用等，依加工程度常见以下两类数据：

1. 薪资成本

公司薪资金额、平均每人薪资。

2. 薪资率

薪资率是常见的比较两家公司薪资高低的指标，由表1-12可见，本公司薪资率为20%，比标杆公司的19%略高。

表1-12　两家公司员工费用率与平均营收

项目	本公司	标杆公司
(1) 营收	1,000亿元	2,000亿元
(2) 直接人工成本	200亿元	380亿元
(3) 员工数	4万人	7万人
(4) 薪资率＝(2)÷(1)	20%	19%
(5) 平均每人营收＝(1)÷(3)	250万元/人	285.7万元/人

二、平均每人营收

有许多人喜欢用平均每人营收来比较员工的贡献，尤其是银行业，细分到平均每人营收、平均每人盈余。在表1-12中我们举例说明，标杆公司平均每人营收285.7万元，大于本公司的平均每人营收250万元。然而，我们很少将此观念运用于制造业，原因有二：

1. 未剔除机器的贡献

制造业影响产出（数量），主因在于机器的新旧、大小，新的、好的机器自动化程度高，使用人数较少，平均每人营收高。

2. 未考虑员工素质的高低

员工的学历、资历等影响员工的生产力（例如单位产出），在劳力密集型产业（例如成衣业、制鞋业）等也存在此现象。比较好的做法是像表1-12那样只考虑薪资率，即薪资占营收的比率。

三、台积电跟联华电子比较

台积电台湾地区员工人数为4.6万人，联华电子（简称“联电”）为1.2万人。两家公司的薪资、薪资率举例说明见表1-13（注：财报未显示）。

1. 薪资率

2016 年，台积电薪资率比联电低 4.4%。

2. 员工分红金额

2012—2016 年，平均每位员工分红分别为 57 万元、65 万元、107 万元……说“平均”并不精准，主要是依职级、年资来分。

表 1－13 2012—2016 年台积电与联电薪资成本比较

年份		2012 年	2013 年	2014 年	2015 年	2016 年
一、台积电	(1) 薪资/亿元	486.47	577.00	740.00	826.63	940.00
	(2) 营收/亿元	5,067	5,970	7,628	8,435	9,479
	(3) 薪资率/% =(1)÷(2)	9.6	9.7	9.7	9.8	9.9
二、联电	(1) 薪资/亿元	166.00	175.00	198.00	205.10	211.35
	(2) 营收/亿元	1,157	1,238	1,400	1,448	1,478
	(3) 薪资率/% =(1)÷(2)	14.4	14.1	14.1	14.2	14.3

2016 年，员工分红 448 亿元

2016 年，台积电将 4 万多名员工的奖金分成两项，年成长率为 16.5%

1. 现金奖金 205.5 亿元：这是季度奖金
2. 现金酬劳 205.5 亿元：2017 年 7 月发放

知识维生素

台积电是全台湾缴税大王

$$税率 = \frac{所得税费用}{税前净利} \qquad 2016\text{ 年台积电情况：}税率 = \frac{516\text{ 亿元}}{3,890\text{ 亿元}} = 13.26\%$$

2016 年营业所得税结算申报和未分配盈余税额，全台五区合计为 2,962 亿元，比 2015 年增加了 274 亿元。

台积电税前净利约为 3,890 亿元，缴纳营业所得税 516 亿元，成为全台湾纳税冠军。

其次是鸿海科技集团，营收为 4.38 兆元、税前净利 1,979 亿元，缴纳营业所得税 465.93 亿元。台积电与鸿海缴的税占全台湾营业所得税税额的 16%。

2－7 制造费用

制造业的制造费用占营收比率往往很大，公司内、外部人士都很关注这一块。

一、制造费用的成分

制造费用是个笼统的会计科目，不像原料成本、直接人工成本那么直观，由表1－14可见。

表1－14 制造费用的明细

生产因素	会计科目	公司内部人士	公司外部人士
一、自然资源	1. 水		这对耗水行业（面板等）很重要
	2. 电、煤气等		这对耗能产业（水泥、钢铁、有色金属、运输等）很重要
	3. 地租、房租		
二、劳工	直接人工、间接人工	制造师	
三、资本	1. 厂房折旧		财务报表
	2. 设备折旧		附注（以台积电来说）有金额等说明
	3. 维修费用		
四、技术	设备操作顾问费		这对技术密集型产业很重要
五、企业家精神	净利	董事会、股东	

损益表	资产负债表	
营业成本	资产	
	流动资产	
……		
制造费用		
折旧费用		
	非流动资产	
……	固定资产	负债→财务成本
营业外支出		

1. 生产因素的分类

由表 1－14 第一栏可见依据生产因素五个成分来区分成本、费用项目的性质。

2. 会计科目

由表 1－14 第二栏“会计科目”可见几个制造费用细分的会计科目，俗称“水电费”“燃料费”“折旧费”“维修费”“地租”等。

3. 公司内外信息不对称

制造费用是营业成本三个成分之一，因公司对外不揭露营业成本成分，连带制造费用也不透明，但其中的折旧费例外。

二、耗能产业：水电费、燃料费

耗能产业最喜欢水电费、燃料费（主要是油价、煤气费）降价。

1. 内部人士

内部人士有细部数据，可进而比较替代能源（太阳能等）及能源效率化（LED 灯、油电混合动力）等替代方案的“甜蜜点”（注：指新品售价除以旧品售价等于 1.5 倍时）。

2. 外部人士：证券分析师

证券分析师碰到能源价格大跌时，常会估算对耗能产业的水电燃料费用降低、盈余提升的帮助。

三、资本密集型产业：折旧费用、维修费

台湾地区的电子业是由效率驱动的，即砸大钱买机器，然后努力运用机器做摇钱树。

1. 税法上的摊提折旧费用期间

税法上对各种厂房、设备都设有摊提折旧费用期间，可视为固定成本（费用）。降低平均固定成本的方式很直接，若分子（折旧费用）不变（例如每年 12 亿元），那就提高分母，例如产量由 6 亿件提高到 12 亿件，每件折旧费用由 2 元降为 1 元。

降低分子的方式即少买机器，让一部机器一天 24 小时操作，工人分三班，因为工人要睡觉，机器不需要睡觉。台积电就是这样操作机器的。台湾地区劳工不喜欢轮值大夜班，只好由外籍产业劳工（全台地区约有 38 万人）来负责。

2. 摊提折旧费用期间以后的“延寿”

机器按 5 年摊提折旧费用，但只要妥善使用、定期保养，使用寿命可达 10 年，其间可能随着科技进步，要花些钱提升功能（俗称“改良”），以使机台“延寿”。

2－8 营业净利、税前净利与净利

每年5月申报个人综合所得税时，从“财政部”“国税局”寄给你的电子表格上大抵可看到薪资所得、应税所得、应缴所得税税额，例如应税所得额110万元、应缴所得税税额10万元，那么薪资税后所得额是100万元。

缩短到每个月，你每个月的银行薪资账户领到8万元，这是公司代扣税（个人所得税税率5%、劳保费率9.5%、健保费率4.69%）后所得的，平常你关心的是8万元这“可支配所得”，但是向银行借消费性贷款时，找工作谈判年薪、月薪时，你要用扣税费前的薪水来谈。

一、营业净利

按个人来说，公司的营业净利性质如下：

1. 上班族的薪资所得

上班族的本业是打工，收入是薪资所得。

2. 自营作业者的经营所得

对于摊商等自营作业者来说，收入算经营所得。

3. 公司营业净利

营业净利是指公司开门经营本业所赚到的利润。

二、税前净利

正常情况下，一般人只看税后净利，会看税前净利的情况包括以下两种：

1. 跨国比较

以比较银行的获利来说，由于各国公司税率不同（美国33%、中国大陆25%、中国台湾地区17%），因此税前净利能比较真实地反映公司的获利金额。

2. 跨时比较

公司亏损可以延后5年扣抵净利，以计算所得税费用。如公司当年净利小于过去5年亏损的总额，则当年公司无须缴所得税。

三、税后净利

1. 中文简称“净利”

由于利害关系人最关心公司税后赚了多少钱，所以把税后净利简称为“净利”。表1－15是损益表上三个净利科目。

2. 税后净利英文简称“net income”

“net income”中的“net”是形容词，指“净”，例如净重，在损益表中指扣掉营业所得税费用后的净利。

四、行业相关标准

2016年2月22日，税务行业标准分类暨同业利润标准查询系统开始运行。

表 1－15　2016 年台积电损益表上三个净利科目

损益表	说明	金额
营业净利	这是公司经营本业所赚的利益	3,379 亿元
＋营业外收入及利益	一般俗称公司“不务”正业的“财务净利” • 金融资产的孳息、资本利得 • “母以子为贵”的子公司（转投资）认列净利	113 亿元
－营业外支出及损失 • 营业外支出，主要指财务成本 • 营业外损失	财务成本指的是下列两项利息费用 • 银行贷款等 • 公司债等	33 亿元
税前净利		3,459 亿元
－所得税费用	公司付给有关税务部门的营利事业所得税（其他国家称为“公司税”）	516 亿元
＝净利		2,943 亿元

2－9 损益表上获利的中英文名词

会计学中的损益表很容易懂，但由于语言有时间（古今）、空间（如中英文）之别，许多人学习会计学如同进入语意丛林，很容易迷路。本单元以损益表上的“获利”来一次讲清楚、说明白。

一、“获利”的古今中英文

语文是随着时代的发展演变的，以“获利”一词来说，由表 1－16、图 1－4 可见，以前、现在的中文、英文用词，由于“言人人殊”，所以有必要作制对照图表，以免把“诸葛亮”“孔明”错当成两个人。

（1）经济学上用 profit，会计学上是利润、经济利润。

（2）会计学以前用 earning，现在用 income。

表 1－16　损益表上获利的古今用词

项目	以前	现在
中文	益	利
例如	税后纯益	税后净利

二、损益表上四个“获利”指标

由图 1－4 中第一栏可见，损益表上四个“获利”指标，有三个是“净利”：

（1）营业净利。

（2）税前净利。

（3）税后净利。

损益表	英文	%	英文
营收	revenue	100	
毛利	gross profit	毛利率	gross margin 或 gross profit margin
营业净利	operating income		
税前净利	income before tax		profit margin 指毛利率
税后净利	net income	纯益率	net income ratio或 net margin
盈余	earning	净利率	net income to sales

图 1－4　损益表上获利与获利率中英文名词对照

三、损益表方面的获利率

在损益表方面的获利能力指标有：

1. 毛利率

一般人套用“80：20”原则，营业成本与营业费用大抵是 80：20，抓住营业成本率后，剩下的毛利率如果是“正的”且“数字”够大，那么扣掉“营业费用率”后，大抵会赚。

2. 用“茅山道士”来形容毛利率 3%、4%

从 2008 年起，电子业中的一些毛利率只剩 3%、4%，于是有人以“茅山道士”的谐音来形容电子业的薄利。

3. 纯益率

对我们来说，“纯益”是以前的用词，现在的用词是“净利”，所以用“净利率”比较贴切。

Date ______ /______ /______

第 3 章
认识资产负债表

3－1　资产负债表快易通
3－2　应收账款
3－3　存货
3－4　存货之评价
3－5　存货水平的决定因素
3－6　无形资产：资产负债表角度
3－7　应付账款

3-1 资产负债表快易通

我们常说有些公司财力雄厚，指的往往就是其资产负债表数据良好。在分析一家公司的财报时，往往需要了解资产负债表上几个相关科目的含义。本单元以2016年台积电的数据为例，见表1-17。

一、资产负债表的定义

资产负债表的本意是平衡，资产等于负债加上业主权益。其中资产、负债以一年期分为下列两种：

1. 流动（本意是短期）

流动指1年内，本意是短期。

2. 非流动（本意是中长期）

本书喜欢使用积极的词语，例如：

（1）美国“非农业”就业人数，本意是工商。

（2）“非政府”组织（NGO），本意是民间。

（3）在中国台湾地区，动产的另一面为“不”动产，我们称为“房地产”。“非流动”资产、负债，由于是法令上的用词，我们不能变动，“非流动”的本意是中（1～3年）长（3年以上）期。

二、资产负债表右边：资金来源

资产负债表右边是指公司的资金来源，粗略分为两类。

1. 负债（俗称“外部资金”）

公司欠别人的称为“负债”，主要是欠银行、公司债持有人等。负债依还款期间分为两类：

（1）流动负债。

台积电的流动负债占资产的比率为16.9%。从逻辑上来说，这些流动负债都是挂在账上的，如每年6月股东会决议后发放的员工奖金。

（2）非流动负债。

台积电的非流动负债占资产的比率为9.4%，这是很低的比率，主要原因是台积电获利金额高、权益高。

2. 业主权益（俗称“公司自有资金”）

业主指的是股东，权益的本意是净值。即：

$$资产 - 负债 = 业主权益$$

业主权益指的是公司资产减掉负债后，业主们（普通股股东、特别股股东）可以分享的剩余资产。

三、资产负债表左边：资产、资金去向

以台积电来说，公司资产达18,864亿元，共分布在两种类型资产中。

1. 流动资产

一般来说，以工业为例，由于有土地、厂房、机器设备，所以流动资产占资产

的比率小于50%。台积电流动资产占资产的比率为43.3%，这算高比率，主要原因是现金及约当现金有5,413亿元，占资产的28.7%。

2. 非流动资产

台积电非流动资产占资产的比率为56%，其中土地、厂房和机器设备占资产的53%。

表1－17　2016年12月31日台积电资产负债表

资产	金额/亿元	比率/%	负债	金额/亿元	比率/%
流动资产：出于交易目的而持有及预期于1年内变现或耗用的资产	8,177	43.3	流动负债：出于交易目的而发生及预期须于1年内清偿之负债	3,182	16.9
非流动资产	10,687	56.7	非流动负债：不属于流动负债的负债	1,781	9.4
			业主权益	13,901	73.7
总计	18,864	100.0		18,864	100.0

知识维生素

资产负债表上的业主权益

有下列三个用词：

1. 业主权益。
2. 股东权益。
3. 许多公司财报上简称“权益”，例如“负债与权益”。

3－2 应收账款

流动资产中现金、金融资产之后便是应收账款。在所有行业中，应收账款比重最大的可以说是银行，台湾地区 40 家银行 2017 年资产 45 兆元，约 56% 为放款，放款时间约 6 年，逐月回收。

一、三个科目的小计

财报分析中的应收账款是本单元中所说三个科目的小计。

二、应收账款的定义

1. 应收账款的债务人身份

应收账款依债务人的身份分成客户、关系人与其他人，正常情况来说，来自客户的应收账款应占应收账款的九成以上。

2. 应收账款的形态

客户的应收账款依形态分成应收票据（客户支票，简称“客票”）、应收账款。

三、账款净额

应收账款净额是应收账款减掉下列两项而得到的。

（1）利息成本：应收账款可分为有付息与未付息两种，一般根据有效利息法计算的摊销后成本来分类。基于重大原则考虑，对于未付息的超短期应收账款因折现后差异不大，可用发票金额衡量。

（2）呆账准备：税法对应收账款应提列的呆账准备率分为银行业与一般公司，以台积电来说，提列 0.4%～0.6%。

四、应收关系人账款

1. 关系人

集团企业内的各公司称为“关系企业”，在外成立的公司称为“关系人企业”。

2. 应收关系人账款鉴价

财金系大三选修课“公司鉴价”中至少有一节内容讨论到应收账款鉴价，其中把海外关系企业应收账款、应收关系人账款的价值视为零。这也是为什么光一个应收账款在资产负债表中就要分别列出三项，是为了让外部人士一眼就可以看到。

五、其他应收账款

1. 其他应收账款的定义

由表 1－18 可见，其他应收账款包括：应收退税款、代采购应收款、应收利息、应收处分设备款、其他。

2. 其他应收账款的公允价值

以鸿海科技集团来说，其自认其他应收账款来自政府（退税）、银行（利息）、债信良好企业（例如替代工顾客代垫采购成本），所以没有重大信用风险。

表 1－18　公司应收账款的含义

应收账款的范围	评价	说明
一、应收票据及账款	全额	
1. 应收票据	－利息成本摊提	贴现
因营业而产生的应收票据	－呆账准备	考虑呆账风险
2. 应收账款	＝净额	
二、应收关系人账款	可视为“0”	例如股东来往
三、其他应收账款		
1. 应收退税款		营业所得税预估是替代工顾客代垫采购成本、政府退税、银行利息
2. 代采购应收款		
3. 应收利息	全额认列	
4. 应收处分设备款		
5. 其他		

知识维生素

应收账款（AR）、应付账款（AP）小档案

英文文法是形容词＋名词，再碰到跟银行相关的名词就反过来，例如：应收账款 accounts receivable（AR），应付账款 accounts payable（AP），account 的含义为账户。

3-3 存货

流动资产中应收账款三个科目后面是存货，所以在经营能力第三项介绍存货周转率。在此之前，先详细说明存货。

一、存货的定义

1. 依制造程度分类

由表1-19第一栏可见，在成本会计表中详细说明存货依制造程度分为三种；由表1-19第二栏可见，这三种存货各有负责部门。

表1-19 2016年台积电存货的分类

存货成分	公司负责部门	存货结构
1. 投入		
• 原料	采购部	8.24%
• 物料及零件	仓储部（或资材部）	5.79%
2. 转换		
• 在制品	制造部	68.46%
3. 产出		
• 制成品	运筹部	17.51%
	业务部	100%（487亿元）

资料来源：台积电2016年年报（二），第38页。

2. 存货账面价值

大抵来说，随着时间的流逝，原料会老化、成品会过时，在会计上针对存货的评价采取下列方式：

存货账面价值=成本-备抵跌价损失

100元=103元-3元

至于备抵跌价损失的提列金额，视产业、时势而定。

二、存货是公司投资的一项

公司的存货看似抽象观念，但以个人、家庭来举例说明，就很具体了：

你家里有没有冰箱？卫生纸有几包？个人、家庭保有日用品存货，那是为了方便平时要用（吃）时，不必总是跑出去买。公司留有存货是为了做生意，对顾客有求必应，如此顾客才不致因缺货而去别家买。由图1-5可见，以鸿海科技集团为例，套用营收为100元，存货为24元，纯益率为2.94%，资金成本以银行贷款利率1.8%为例，一年花0.432元的存货资金成本可赚到2.94元盈余，财务杠杆倍数为6.8倍。

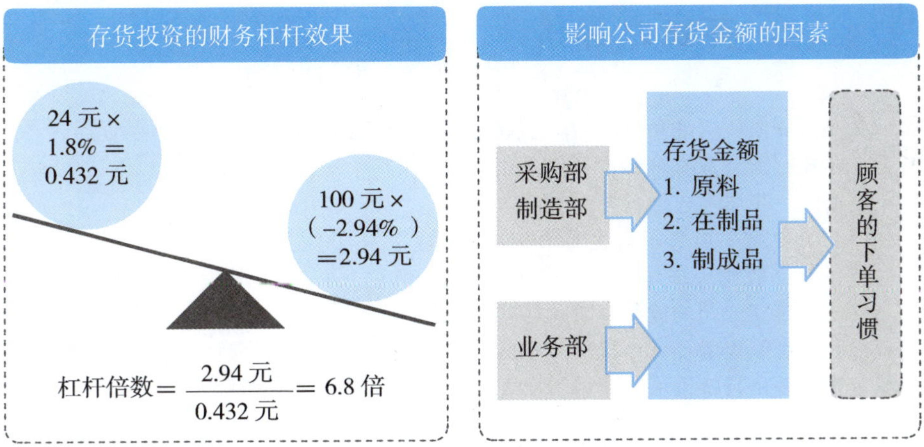

图 1-5 研发、行销费用的会计处理

三、影响存货金额的因素

品牌公司、代工公司一定会有存货，像日本丰田汽车公司强调的“零库存”大抵是形容词（至少是指供货公司的部分）。影响存货金额的因素如下：

1. 业务部

品牌公司业务部希望顾客随时来都可以买到货，因此会保有一定的成品存货。业务部会设法了解淡、旺季等对货品的需求量。

2. 制造部

制造部从制造能量（从原料、在制品到制成品的时间与数量）决定制成品、在制品的金额。

3. 采购部

供货公司的供货能量（交货时间、数量与数量折扣等）影响本公司采购部的原料安全库存水平。

知识维生素

2016 年台积电存货损失

时间：2016 年 2 月 6 日

地点：中国台湾台南市

人物：台积电南科厂

事件：2 月 6 日高雄美浓地震，杂糅存货价值减损约 15.4 亿元。

[资料来源于台积电 2016 年年报（二），第 38 页]

3－4 存货之评价

站在报表使用者的角度，可以直接看公司所提供的财报比率，如存货周转率，甚至连存货、营业成本金额都可以不用知道。

稍作进一步思考，假设下列情况：

（1）智能型手机公司宏达国际电子成品存货为100亿元。

（2）食品股龙头统一企业色拉油存货为100亿元。

你认为哪家公司的成品存货比较容易跌价？金融资产中的股票、股票型基金市场价格起伏可能很激烈，市场风险很高；同样地，电子公司、时尚品牌公司的存货市场价格涨跌快且幅度大，所以有必要了解财报上存货的评价方式。

一、损益表上的营业成本

在财报的附注中会说明已出售存货与账上存货的金额与计算方式。

二、资产负债表上的存货

由表1－20可见，存货“账面金额”是在存货“成本”跟“净变现价值”中取较低者。

1. 步骤一：算出存货净变现价值

详见表1－20，算出存货净变现价值的两个数字中的售价才是关键，那是在制作资产负债表（例如每年12月31日）之时，已考虑存货的平常耗损、陈旧或无市场价值等，但是时间过去一个月，当你阅读财报时，售价可能“一泄千里”。

表1－20　存货评价

<table>
<tr><td rowspan="4">一、损益表上的营业成本</td><td>成本</td><td>103亿元</td></tr>
<tr><td>－存货跌价及呆滞损失</td><td>3.7亿元</td></tr>
<tr><td>－存货盘亏（其他）</td><td>0.3亿元</td></tr>
<tr><td>＝售价</td><td>99亿元</td></tr>
<tr><td rowspan="5">二、资产负债表上流动资产中的存货</td><td colspan="2">存货价值＝下列较低者（成本，净变现价值）</td></tr>
<tr><td colspan="2">成本：依加权平均法决定</td></tr>
<tr><td colspan="2">制成品与在制品的成本：原料＋直接人工＋制造费用分摊</td></tr>
<tr><td colspan="2">步骤1：净变现价值＝售价－完工所需的成本及变动销售费用
100元＝140元－40元</td></tr>
<tr><td colspan="2">步骤2：备抵跌价损失＝成本－净变现价值
3元＝103元－100元</td></tr>
</table>

2. 步骤二：算出备抵跌价损失

备抵跌价损失是结果，是资产负债表日才知道的。

成本 − 备抵跌价损失 = 净变现价值

小博士的话

2016 年台积电应收账款净额 1283.35 亿元

在台积电资产负债表上应收账款净额 1283.35 亿元是这样评价的。

1288.15 亿元（毛额） −4.8 亿元（应收账款备抵呆账） =1283.35 亿元（应收账款净额）

即备抵呆账率为 0.373%。

知识维生素

晶圆代工是量身定做的，所以成品存货很难销售

时间：2014 年 10 月 15 日

地点：中国台湾新竹科学园区

企业：台积电

事件：2013 年，台积电服务 400 多个客户，使用 200 多种不同制程，总共需要 1,100 张制程质量管理图，量产 8,400 多种芯片。这是专攻中央处理器的英特尔、做内存起家的三星 LSI 无法企及的多元与弹性。

英特尔董事长保罗·雅各布参观台积电工厂时说：“英特尔工厂就是一排排机器，做出一模一样的产品。台积电工厂完全相反。”

每次听到餐厅服务人员回答顾客“菜已煮好了，不能退货”，你就会明白台积电给的芯片也是如此。

（摘自《天下杂志》，2014 年 10 月 15 日，第 191 页）

3－5 存货水平的决定因素

各行各业的存货周转率不同，甚至同一公司不同时间的存货周转率也可能不同。“成本会计”“生产管理”课程中都谈到一点，“财报分析”课程站在更广（内、外部人士）、公司更高层（董事会、总经理）的角度来看决定存货的金额。

一、行业因素

影响公司存货水平的大部分因素是行业特性，有点“人在江湖，身不由己”的味道。

1. 品牌公司：当产品生命周期短时

当产品生命周期短（主要是衣服、鞋子等时尚商品）时，必须注重存货数量（尤其是成品）的控制，以免遭受“跳楼大甩卖”的存货跌价损失（简称“存货损失”）。以全球最大平价流行服装公司西班牙印第纺旗下品牌 Zara 为例，当某款衣服不再生产，而全球各店的服装数量只剩少数时，Zara 会采取下架方式，这便是存货跌价损失。

2. 农产品公司

许多农产品一年只收一次，以马铃薯为例，它的收成期是 12 月到来年 5 月。联华食品公司将马铃薯收购后，冰冻在冷藏仓库，再逐月销售，称为“季产年销”。

3. 组装制造业中的代工公司

由表 1－21 可见，两种代工公司对零组件的所有权不同，存货水平也不同。

表 1－21　影响公司存货的内外部因素

层级		存货少	存货多
一、行业	（一）品牌公司	产品生命周期短	产品生命周期长
	（二）代工公司	来料加工	进料加工
	1. 原料的所有权归属	客户	本公司（即代工公司）
	2. 代表性公司	客户：苹果公司 iPod 针对 CPU 等五大零组件	客户：美国戴尔公司
		组装：鸿海科技集团	组装代工公司：仁宝、广达等
二、公司	（一）董事会	当预期原料价格会大跌时	当预期原料价格会大涨时
	（二）总经理	当预期原料会供过于求时	当预期原料会大缺货（也许价格持平）时，会大幅拉货

续表

层级		存货少	存货多
三、功能部门主管	（一）采购副总	供货公司较近	供货公司较远（例如在国外）等
	（二）制造副总	制程周期较短	制程周期较长
	（三）业务副总	当销售前景透明度高时	当销售前景透明度低时

二、公司角度

公司三个层级对存货水平皆有决策权限（即授权幅度）。

1. 董事会角度：存货占资产比重

把存货视为资产的一部分，持有资产的目的是资产报酬率等，与金融资产一样。当原料、成品价格看涨时，董事会可能会为了固定住存货成本而囤货。

2. 总经理角度：存货占营收比重

总经理的关键绩效指标大都为营收（金额、成长率与市场占有率）、营业净利等，所以比较注重存货占营收（或营业成本）的比重。存货一定要足够，以免生产线停工待料。

3. 功能部门主管

由表 1－21 可见，原料、在制品、制成品的存货金额的决定，三个部门主管各有其考虑。以业务部的成品存货水平为例，当公司的营收可见度为 4～6 个月时，备料容易抓得准；当顾客下单不规律，影响组装公司向模块公司备料，模块公司再向组件公司下单时，如同马夫挥舞长马鞭，源头小幅度振动，鞭尾幅度大，俗称“长鞭效应”。

知识维生素

2016 年台积电无形资产结构

无形资产项目	金额/亿元	占比/%
商誉	60.07	41.10
技术授权费	34.00	23.26
信息系统	41.00	28.05
专利	11.09	7.59
小计	146.16	100.00

［资料来源于台积电 2016 年年报（二），第 42 页］

3－6 无形资产：资产负债表角度

在资产负债表中资产面的非流动资产中有一项无形资产，以台积电为例，约146亿元（详见单元3－5知识维生素），占资产的1%；鸿海科技集团在2013年高点时为128亿元，占资产的1%。

这是台湾地区公司中研发费用投入第一、第二的公司。连前两名公司的无形资产所占资产比重都如此低，那大概只剩研发导向的生技公司、文化创意（主要是电影、音乐）公司的比重会比较高。

令人好奇的是台积电2016年投入712亿元用于研究发展，为何无形资产金额如此少、占资产比重这么低？主要是因为会计处理，本单元加以说明。

一、从广角镜头切入无形资产

由表1－22可见，无形资产可依公司核心活动分为两种：

1. 研发类无形资产

常见的研发类无形资产如下：

（1）专利：有两种，各有专利期限。

（2）著作权：采用创作主义，无须登记，像歌词、歌曲、剧本等。

（3）营业秘密：例如可口可乐公司的配方。

2. 营销类无形资产

常见的营销类无形资产如下：

（1）连锁经营权，常见的是招牌独家授权经营，像7－11便利店的加盟。

（2）商标权，营销管理书中称为“品牌资产”（俗称“品牌权益”）。

（3）通路资产（俗称“通路权益”），例如营销费用中花在打通营销通路的部分。

英文用词是“权益”，但本意是指资产，所以我们意译为“资产”。

（4）商誉，指当收购其他公司（含资产）时，收购价金扣除可认列资产价值后的正余额。每年可摊提商誉费用，但实务上并不可行。

表1－22　公司无形资产的分类

组织	研发类	营销类
“经济部智慧财产局”，俗称“智财权”	1. 专利与年限 • 发明20年 • 新型10年 • 新式样12年 2. 著作权	1. 连锁经营权或称“特许权” 2. 商标权
公司内部	营业秘密	1. 商誉 2. 通路资产

二、费用的会计处理

由图 1 - 6 可见，公司同样花费 10 亿元用于研究或营销，依花费方式大抵分两种：

1. 自己花的称为“费用”

除了研究费用中的发展费用资产化外，研究费用、营销费用都列在损益表的营业费用中。

2. 买来的称为“资产”

跟其他公司买专利、买品牌，达到一定金额以上便列在资产负债表的无形资产中。

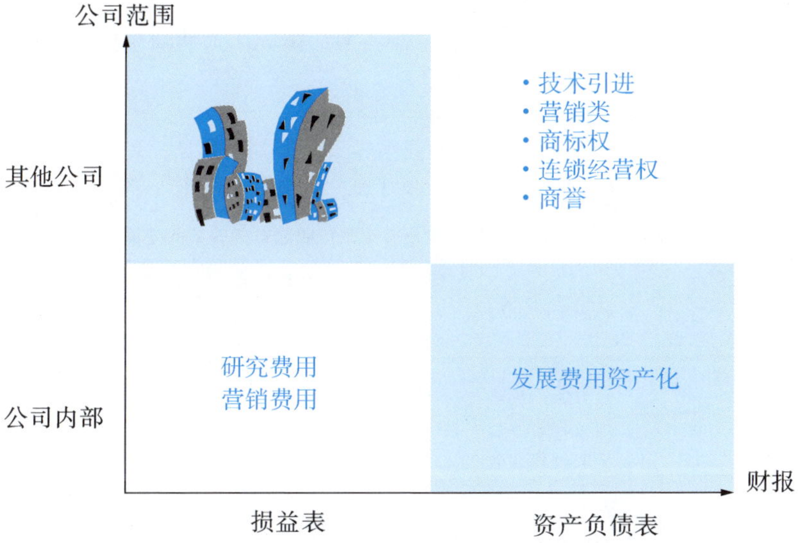

图 1 - 6 研究费用、营销费用的会计处理

3-7 应付账款

流动负债中前三项依序如下：

（1）短期借款：主要是银行贷款，还债优先级第一。

（2）公平价值变动列入损益之金融负债——流动负债：例如转换公司债款，有人要求公司赎回，对投资人来说，即行使买回权。

（3）应付账款：这是本单元的重点。在讨论应付账款周转率前，先说明“应付账款”。

一、应付账款的定义

财务比率分析中的应付账款是个集合名词，在资产负债表中的“流动负债”中至少包括三个项目。

1. 三个项目（跟应收账款对应）

每家公司的应付账款科目的明细大同小异，为了方便起见，表1-23中套用应收账款的成分，一一对应地分成三种，详见表1-24第一栏。

表1-23 存货、应付账款周转率跟应收账款周转率的差异

损益表	资产负债表	
	资产	负债
营业收入	应收账款 应收账款周转率=营业收入÷平均应收账款 平均收现日数	
-营业成本	存货 存货周转率=营业成本÷平均存货 平均销货日数	应付账款 应付账款周转率=主营业务成本÷平均应付账款余额×100% 权益

表1-24 2016年台积电应付账款成分

项目	负责部门	占资产比重/%
一、应付账款	2	
1. 应付票据		
2. 应付账款	采购部	
二、应付关系人账款	财务部	0
三、其他应付账款	1	
1. 应付薪资及奖金	人资部	
2. 应付员工红利及董事酬劳	董事会	

续表

项目	负责部门	占资产比重/%
3. 应付工程及设备款	采购部	2
1、2 合称“应付费用”		

2. 英文名词

应付账款的英文名词跟应收账款对应。

二、影响应付账款水平的因素

1. 应付账款的形态

跟应收账款一样，由表1－24第一栏可见，应付账款有两种债务形态：应付票据、应付账款。

这是因营业而产生的，主要是购料（含购货）、营销费用（例如广告、运输费用）。

2. 本公司应付账款金额的决定因素

本公司应付账款金额的决定因素首先是公司的财务周转能力，其次是卖方的付款条件。

三、应付关系人账款

1. 当关系人是股东时

如台积电投资了不在权益法认列范围内的精材公司和SSMC公司。

2. 股东往来款

当公司向董事借款时，账上列为应付关系人账款。

四、其他应付账款

其他指供货公司、关系人以外的人。

1. 公司相关人员

以上市公司来说，6月初开股东大会，通过董事酬劳、员工分红金额等议案，钱要到7月中旬才支付。在4月的财报上会出现表1－24中的应付员工红利及董事酬劳，年报情况一样。

2. 设备等欠款

一般设备、厂房都有一个月试车验收期，验收合格才付尾款（一般占设备款的两成），有个单独会计科目应付工程及设备款。

知识维生素

1. 应付员工红利：员工红利按盈余一定比率（约6.5%）估列2016年的金额，待2017年6月股东大会决议发放金额，如果有差异，以会计金额调整。

当员工红利以股票形态发放时，股票价格以股东大会前一个营业日收盘价为基础。

2. 应付董事酬劳：董事酬劳依预期发放金额估计入账，其余会计处理同员工红利。

知识维生素

应付账款（AP）小档案

pay	vt.	付款、支付
payable	adj.	可付的

表 1－25　2016 年台积电与联电资产负债表比较

资产负债表	台积电		联电	
	金额/亿元	占比/%	金额/亿元	占比/%
一、资产	18, 864	100. 0	3, 866	100. 0
（一）流动资产	8, 177	43. 3	1, 105	28. 6
（二）非流动资产	10, 687	56. 7	2, 761	71. 4
二、负债	4, 963	26. 3	1, 679	43. 4
（一）流动负债	3, 182	16. 9	/	/
（二）非流动负债	1, 781	9. 4	/	/
三、权益	13, 901	73. 7	2, 187	56. 6
（一）资本	2, 593	13. 7	1, 262	32. 7
（二）资本以外	11, 308	60. 0	925	23. 9
保留盈余	10, 720	56. 8	477	12. 3
其他	588	3. 2	448	11. 6

第二篇 财务报表分析

第 4 章　财务报表分析的方法
第 5 章　损益表切入的财务报表分析——结构分析
第 6 章　资产负债表切入的经营绩效分析
第 7 章　研发费用——研发部的投入面
第 8 章　制造部、业务部的绩效衡量

第 4 章
财务报表分析的方法

4－1　财务报表分析的方法

4－2　财务报表中的趋势分析

4－3　营收与净利的成长幅度——以台积电为例

4－4　月、季、年成长率

4－5　财务报表分析的方法——与同时期对手公司比较

4－1 财务报表分析的方法

财务报表（主要是损益表）可看作公司的体检结果，数字本身不会说话，需要人去解读。常见的解读方法于本单元说明，先拉个全景，再慢慢针对其中两大方法进行详细说明。

一、分析会计科目

财务报表分析所涉及的会计科目可分为一个和多个。

1. 一个会计科目

盯着一个会计科目（例如营收、净利）的 2 年、5 年数字，可以了解变化的前因后果。

2. 多个会计科目

（1）结构分析。

常见的结构是指成分（例如空气中氮约占 78%、氧约占 21%、氩约占 1%），由成分可分析出比率是否正确。

最常见的财务报表结构分析是损益表（例如毛利率、纯益率）及资产负债表（例如负债比率）。

（2）财务比率。

两个财务报表上的会计科目相除，得到一个比率（或倍数），可看出相对关系。生活中最常见的是性价比（CP 值），以一件 T 恤为例：

性价比 = 价值 ÷ 售价 = 400 元 ÷ 300 元 = 1.3 倍

即你花 1 元买到值 1.3 元的商品。

二、比较期间

整形医师喜欢用顾客整形前、整形后的照片来突显自己的“鬼斧神工”，同样地，财务报表分析也有两个比较期间：

1. 2 年比较

一般是比较 2017 年跟 2016 年的变动率（单位：%）。

2. 5 年趋势分析

趋势分析以 5 年为期，有两个原因：

（1）景气循环：台湾的景气循环约 2.5 年，循环期间越走越短。

（2）5 年以上：5 年以上期间太长，有可能会出现结构化改变。

三、比较对象

俗话说：“进步太慢就会落伍。”但是，快或慢要有比较标准，这标准至少有两个。

1. 跟自己比

（1）跟目标比（往往只有公司内部人士有目标值）：公司每年 12 月都会提出第二年的预算（主要是营收、净利），所以每季都会检讨目标达标率，俗称“目标差异分析”。

（2）跟过去比：如同上一段的2年比较，了解“是越活越回去”，还是“士别三日，刮目相看”。

2. 跟同业比

俗话说：“西瓜跟西瓜比，橘子跟橘子比。”各行业皆有各行业的特性，所以自然要与同业相比。同业相比，有两个标准：

（1）大西瓜要跟大西瓜比，小西瓜要跟小西瓜比。

在挑对手时，主要有三个规模变量：资产、权益（至少是资本额）和员工数，这称为“可比较公司”。

（2）产业平均以上市公司来说。产业平均指这个产业中上市公司的平均值，以水泥类股票来说，就是台湾水泥等7家公司。

表2－1　财务报表分析的方法

项目		内部人士	外部人士
一、分析会计科目	1. 一个会计科目	例如营收 （1）金额 （2）成长率 （3）市场占有率	例如营收 （1）金额 （2）成长率 （3）市场占有率
	2. 多个会计科目	（1）结构 例如损益表、资产负债表 （2）财务比率	财务比率分析（见本书第9～17章）
二、比较期间		（1）2年 （2）5年	（1）2年 （2）5年
三、比较对象		预算 进行目标差异分析	同业（对手） 进行同业分析

4－2 财务报表中的趋势分析

世界太复杂，为了化繁为简，人们会发掘出一些推理逻辑、规则，以求乱中有序，甚至鉴往知来。财报分析的一大用途便是依据一家公司 3 年、5 年的营收等数据，合理推测今年、明年的营收状况。俗话说，“千金难买早知道”，懂得趋势分析，就不用花大钱请专家来预测了。

一、3C 产品的趋势

只要给你一个行业的几年数字，你便大抵可看出其趋势，详见表 2－2。

表 2－2　2011—2016 年全球 3C 产品的销量　　单位：亿台

3C 产品	2011 年	2012 年	2013 年	2014 年	2015 年	2016 年
1. 第 1C 中的个人计算机	3.60	3.50	3.02	3.08	2.93	2.78
2. 第 2C 通信中的智能型手机	4.95	7.13	10.19	13.00	14.47	15.00
Trend Force 数字	—	7.47	9.28	11.67	12.98	13.60
3. 第 3C 消费性电子中的液晶电视	2.06	2.38	2.04	2.16	2.15	2.22

资料来源：国际数据公司（IDC）、WitsView（Trend Force 公司之光电事业处）。

1. 第 1C（个人计算机）

由表 2－2 可见，从 2012 年起，个人计算机销量开始减少，预估到 2019 年只剩 2.14 亿台，原因是智能型手机逐渐取代笔记本电脑。

2. 第 2C（通信）

由表 2－2 可推知，智能型手机销量连年增长，2014 年增长率为 27%、2015 年为 11%，2016 年降到个位数。

3. 第 3C（消费性电子）

消费性电子最大的项目是液晶电视，2004 年导入，2014 年停滞，主要原因是越来越多人通过手持装置（平板电脑、智能型手机）观看电视节目（尤其是影视剧）。

二、时间数列

同一种数字依时间排列称为“时间数列”，以身高来说，就是“14 岁 162 厘米、15 岁 165 厘米、16 岁 170 厘米、17 岁 175 厘米”。

1. 时间特性

大部分人类行为甚至自然现象所产生的数列，都会随着时间的流逝而变化，例如，俗话说的“十年河东、十年河西”“女大十八变”等。

2. 数列

两个以上数字称为“数列”，例如偶数数列为“2，4，6，8，10”。

三、时间数列的四种特性——以气候为例

2008 年，美国前副总统高尔主演了一部纪录片《不愿面对的真相》。该片反映

了地球气候的各种现象，因此“温室效应”等名词成为全民普及的常识。就近取譬，让人们可以举一反三。

由表2-3可见，气候中有四种特性。

1. 趋势

地球变得越来越热，2016年美国春天提前3周到，冬天温度越来越高。

2. 循环

2015年创有天气纪录以来（137年）的最高温，温带的日本在夏天时热死百人以上，2016年比2015年温度更高。

3. 季节性

一年四季。

4. 波动

一季之内的随机波动。

表2-3 时间数列的四种特性

项目	波动	季节性	循环	趋势
1. 以气候举例	晴时多云偶阵雨	春夏秋冬	厄尔尼诺现象（夏热冬暖，每2～7年一次）	温室效应，每10年温度上升0.2℃
2. 涵盖期间	由意外原因造成的1～3个月的波动	一年四季，常见为营收淡季、旺季	2～5年，许多行业（例如石化）都有明显的行业景气循环	5年以上，大部分行业都有大势所趋的长期趋势

知识维生素

行业产值的时间数列

本书分析对象是单一公司，公司营收受行业荣枯等时间特性影响。

1. 趋势。

许多行业都有产品生命周期，即“导入—成长—成熟—衰退”的现象，迈入衰退的行业为“夕阳行业”。

2. 循环。

农业（主要是食品）、塑化业、海运业会有明显的行业循环，即“复苏—繁荣（峰顶）—萧条—衰退（谷底）”的现象。

3. 季节性。

人们的消费行为受季节影响，如过年时的消费是平常的2倍。

4. 波动。

有时因为突发因素（例如天灾人祸），行业产值会产生波动。

4－3 营收与净利的成长幅度——以台积电为例

证券分析师、股票投资人喜欢个股营收成长，如此自然会带动净利成长，进而带动股价上涨。我们把台积电营收、净利的成长幅度跟产业、竞争者（联电）进行比较。

一、跟产业平均值比较

跟半导体业（包括芯片设计业、半导体制造业、封测业等）比较，见表2－4。

1. 台积电营收成长率17.48%

大胜产业营收平均成长率。

2. 联电营收成长率4.94%

小胜产业平均值成长率1.77%。

二、台积电自己三项比较

台积电的三个科目成长率比较如下：

1. 营收成长率17.48%

台积电已“三十而立”，5年营收成长率仍跟青少年一样快。

2. 净利成长率20.51%

台积电赚钱速度比营收速度快，这是好事。

表2－4 2012—2016年台积电及联电营收、净利与全球半导体业市值

损益表		2012年	2013年	2014年	2015年	2016年	平均5年成长率
一、全球半导体业	1. 全球半导体业/亿美元	3,150	3,398	3,360	3,410	3,516	/
	全球半导体业成长率/%	－2.51	7.90	－1.12	1.49	3.11	1.77
二、台积电	1. 营收/亿元	5,067	5,970	7,628	8,435	9,479	/
	营收成长率/%	18.64	17.82	27.77	10.58	12.38	17.48
	2. 净利/亿元	1,661	1,880	2,638	3,066	3,341	/
	净利成长率/%	23.77	13.18	40.32	16.22	9.07	20.51
	3. 每股盈余/元	6.42	7.26	10.18	11.82	12.89	/
	每股盈余成长率/%	23.94	13.08	40.22	16.11	9.05	20.48
三、联电	1. 营收/亿元	1,157	1,238	1,400	1,448	1,479	/
	营收成长率/%	－0.85	7.00	13.00	3.43	2.14	4.94
	2. 净利/亿元	42.31	121.00	115.00	128.00	38.63	/
	净利成长率/%	－50.00	186.00	－4.96	11.30	－70.00	14.47
	3. 每股盈余/元	0.49	1.01	0.97	1.08	0.68	/
	每股盈余成长率/%	－41.67	106.00	－3.96	11.34	－37.40	6.93

注：（1）全球半导体业成长率数据来自Ic Insight。

（2）2012年国际财务报告准则启用，跟2011年比较成长率有落差。

3. 每股盈余成长率 20.48%

由于台积电资本额“不动如山”，所以净利成长率跟每股盈余成长率大致相同。

三、台积电跟联电比较

1. 营收成长率，17.48%比 4.94%

台积电的营收成长率约是联电的 3.5 倍。

2. 净利成长率，20.51%比 14.47%

台积电的净利成长率约是联电的 1.4 倍。

3. 每股盈余成长率，20.48%比 6.93%

台积电的每股盈余成长率约是联电的 3 倍。

小博士的话

财富 520 大企业排行榜

时间：2017 年 7 月 22 日

地点：美国

人物：《财富》（*Fortune*）杂志

事件：以 2016 年度营收排列，台积电全球排名为 403 名。

4－4 月、季、年成长率

每次电视新闻中报道某家电子公司营收成长率状况时，公司董事长、证券分析师甚至记者、主播都会顺口说“月增4%”“年增10%”。

这样的变动率比较，在大一“经济学”、大二“财务管理”、大三“投资管理”的课本中都有谈到。这在本书里每一家公司财报分析的趋势分析中，也是重要内容。

为方便起见，本单元以2017年3月为去年的基期，假设营收100亿元。以“100”为底，是绝大部分指数编制的基础。

一、以2016年为准

假设2018年3月营收110亿元，4月营收114.4亿元，由表2－5可见两个变动率数字。

1. 月增，又称“环比”

月增是指跟今年上个月（例如2018年3月）比较。因为每个月环环相扣，所以又称“环比”。此例为月增4%。

2. 年增，又称“同比”

年增是指跟去年同期（例如2017年3月）比较。因为跟去年同期比较，所以又称“同比”。此例为年增10%。

二、季比

上文是以一个月的营收为基础来比较，接着可以一季的营收来比较。由于受地理、历史因素影响，每季营收多少不同，春耕、夏耘、秋收、冬藏现象明显。

以电子业来说，由于美国的国内生产毛额（本书简称“总产值”）约18万亿美元，欧盟总产值约16.6万亿美元（已剔除英国），基于11月感恩节（只有美国）、12月圣诞节，送礼物等需求，9～10月是电子公司的出货旺季，所以业绩是一年中的旺季。

三、半年比

用半年财务报表来比较，电子业营收上、下半年呈40∶60之况。

1. 半年

一年分成上半年和下半年。

2. 半年报

上半年的半年报会在9月15日前公布，但下半年的半年报跟年报相似，所以在翌年4月30日前公布即可。

四、年比

年报比较是常见的比较方式。

表 2－5　一年四种比较期间

半年	1H		2H	
季	Q1	Q2	Q3	Q4
月	3 月	4 月	7 月、8 月、9 月	10 月、11 月、12 月
2017 年	100 亿元	/	/	/
2018 年	110 亿元	114. 4 亿元	/	/

表 2－6　2016 年三个科学园区经营绩效

科学园区	营收/亿元	成长率/%	员工数/万人	公司家数/家
新竹	11, 012	－5. 34	15. 2	478
中部	4, 921	－5. 74	3. 2	138
南部	7, 151	11. 84	7. 9	184
小计	23, 084	－0. 76	26. 3	800

注：（1）出口 13, 741 亿元。

（2）产业：集成电路 1. 45 万亿元，光电 0. 67 万亿元，精机械 0. 08 万亿元等。

资料来源：中国台湾地区科技部。

知识维生素

全球半导体产值

半导体业生产流程依产业价值链分成芯片设计、制造（光罩、制造、代工）、封装测试。2015 年产值达 3, 320 亿美元，2016 年原地踏步。晶圆代工业 426 亿美元，约占半导体总产值的 12. 8%。

台积电董事长预估晶圆代工市场年增长 5%，台积电营收增长 5%～10%。

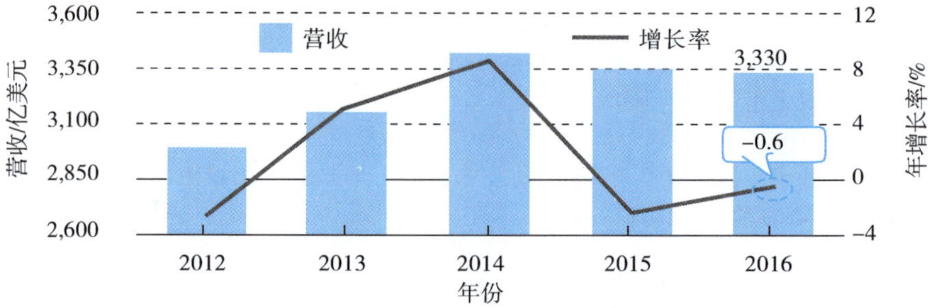

美国高德纳咨询公司预估全球半导体营收

资料来源：美国高德纳咨询公司。

4－5 财务报表分析的方法——与同时期对手公司比较

有比较才知道差别，例如，“20 岁的王小明身高 175 厘米”，他到底是高或是矮？这至少有三个分析标准。

（1）跟同年龄男生平均身高 168 厘米比，175 厘米算是高的。

（2）跟篮球选手比，175 厘米会被归为“地虎”。

（3）跟女朋友比，要是他的女友身高 190 厘米，两人可说是“长短腿之恋”，双方都认为“身高不是距离”。要是他的女友身高 155 厘米，则他的女友可以“小鸟依人”来形容。

同样地，在分析一家公司某一期（常指的是年）的财务比率时，必须跟其他公司比较，才容易判断出公司的状况是变好还是变坏。

一、比较对象

在跟其他公司比较时，应找同行业相似的公司。

1. 同行业

俗话说，“西瓜跟西瓜比、橘子跟橘子比”，因此，找对照公司时，一定要找同一个行业的，以本书为例，应以晶圆代工业为准。

2. 相似公司

在同一行业中，找规模相近的公司。以西瓜为例，“大西瓜跟大西瓜比，小玉西瓜跟小玉西瓜比”。这里所指的规模常有三个标准：资本额、营收、净利。

二、晶圆代工双雄

本书以半导体业中芯片制造业里的晶圆代工双雄之一台积电为例说明，在跟对手比较时：

1. 双雄

许多行业都呈现前四大公司市场占有率 80% 的“大者恒大”的现象，前两大俗称“双雄”。

2. 全球角度

全球晶圆代工双雄是台积电、格罗方德半导体股份有限公司（简称“格罗方德”）。

3. 台湾角度

台湾晶圆代工双雄是台积电、联电。

三、晶圆代工双雄规模比较（2016 年）

以一般财报分析六类中的获利能力中的每股盈余来举例。

1. 资本额：台积电是 2593 亿元，联电是 1262 亿元

台积电资本额是联电的 2.05 倍。

2. 营收：台积电是 9499 亿元，联电是 1479 亿元

台积电营收是联电的 6.42 倍。

表2-7 2016年全球晶圆代工公司前三排名

排名	公司	营收/亿美元	市场占有率/%
1	台积电	294.5	59
2	格罗方德	55.45	11
3	联电	45.8	9

注：第4～10名分别为三星半导体、中芯、力晶、Tower Jazz、富士通、世界先进、华虹。

知识维生素

台积电小档案

成立：1987年2月，1994年9月5日股票上市

资本额：2,593亿元

董事长：张忠谋

总经理：刘德音、魏哲家

营收（2016年）：9,479亿元

盈余（2016年）：3,343亿元

主要产品：逻辑芯片（IC）设计代工

主要股东：花旗银行托管ADR专户21%、行政院开发基金6.38%

员工人数：4.7万人

知识维生素

联电小档案

成立：1980年5月，1985年7月16日股票上市

资本额：1,202亿元

董事长：洪嘉聪

总经理：颜博文

营收（2016年）：1,479亿元（+2.1%）

盈余（2016年）：85.8亿元（-38.2%）

主要产品：逻辑芯片设计代工

主要股东：美商摩根大通托管ADR专户5.29%、迅捷投资3.46%

员工人数：1.2万人

我们把营收、净利的成长幅度分为三类，以图表示，将单元4－3的表2－4中台积电的数字代入，如图2－1所示。图2－1中2012年、2013年分别代表2012年、2013年台积电营收成长率、净利成长率的状态。

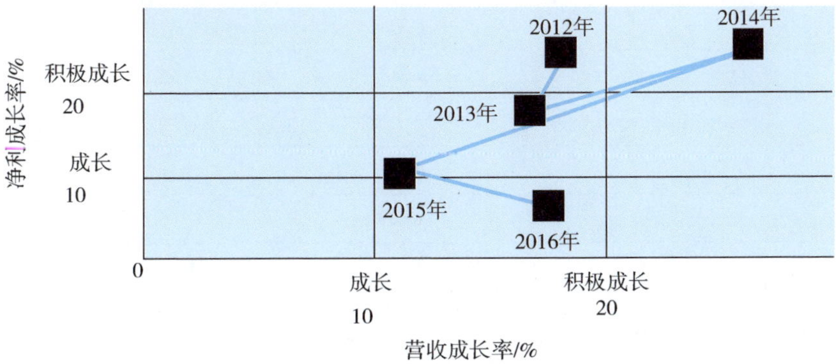

图2－1　台积电2012—2016年成长态势

一、横轴：营收成长率分类

每个国家、每个产业的产业生命周期不同，对于中度、高度成长率的标准也不同。本处以10%为分水岭，分成三种状况：

（1）营收成长率在10%以下：成长太慢。

（2）营收成长率为10%～20%：中度成长股。

（3）营收成长率在20%以上：积极成长股。

二、纵轴：净利成长率

净利有两个标准：

（1）净利成长率：衡量公司获利能力成长幅度的指标。

（2）每股盈余成长率：有些投资人使用每股盈余成长率，以修正股本膨胀所带来的影响。

2012—2016年，台积电净利成长率、每股盈余成长率几乎相等，原因是资本额冻结在2,593亿元附近，即每股盈余中的分母股数不变。

三、台积电2018年陷入“中年危机”

在图2－1中，将2012—2016年台积电营收成长率、净利成长率做标示，除了2014年以外，大抵来说，台积电可以说是到了“中年危机”（即中度营收成长）阶段。

（1）营收成长率：一直处于成长阶段，表2－4中2012—2016年全球半导体业平均成长率为1.77%，台积电为17.48%，台积电的营收平均成长率约为全球半导体业的9.88倍。

（2）净利成长率：由2012年的积极成长降到2013年、2015年的成长，2016年低于10%。

Date ______ /______ /______

5－1 公司三权分立——股东所有、董事会经营与总经理管理

讲个老掉牙的笑话。丈夫说："家里的大事由我决定，小事由太太决定，至于一件事是大事或小事，由太太决定。"结果怎样显而易见。财报分析最大的用途便是协助公司股东选择适任的董事组成董事会经营公司，再选出总经理管理公司。

一、股东拥有公司所有权

从狭义上来说，股东聚资成立公司，所以股东有公司的所有权（见表2－8）。从广义上来说，利害关系人或多或少主张拥有公司。

二、董事会拥有公司经营权

董事会是甄别公司大小事的单位，有两件事是大事：

1. 公司策略

董事会负责做重大决策，俗称"决定公司策略"，即正确的开始，成功的一半。

一定金额（视各公司授权金额而定）以上的支出，由董事会决定，一般来说，基于内部控制角度，例行支出以外的支出，大公司总经理自行批出的金额常在数百万元以内。

2. 中高阶主管的人事任免和监督

从组织图变革，到高阶（协理、处长以上）人员的任免都由董事会决定。每季度至少开一次董事会，总经理代表管理阶层向董事会报告管理绩效。董事会的职责之一是监督管理阶层。

三、总经理拥有公司管理权

总经理及各部门主管（一级单位职衔副总、二级单位职衔协理或处长等）负责管理。

1. 战术决策

总经理是各部门战术决策的制定者，例如，董事会决定一年花100亿元买机器，总经理监督采购部决定得标公司等。总经理有权任免中阶（副理到经理）管理者，中阶管理者有权建议任免低阶（课长到襄理）管理者。

2. 执行

管理阶层负责带领功能、事业部门（军队中的师、独立旅）落实董事会的策略。

四、数字管理

本书中财报分析的观念可运用在董事会的关键决策上。

第 5 章
损益表切入的财务报表分析——结构分

5－1　公司三权分立——股东所有、董事会经营与总经理管理
5－2　企业诊断的种类——损益表结构是公司的体检报告
5－3　各功能部门绩效判断——从损益表中可以慧眼识英雄
5－4　损益表上成本、费用的负责部门
5－5　台积电与联电损益表对比
5－6　董事会最关键决策——制造（自制对比外包）
5－7　劳工、机台生产力
5－8　台积电的员工生产力

表 2－8　公司三权分立与负责财报指标

三权分立	功能	财报分析指标的大类
一、所有权 股东	1. 选出董事会 2. 决定资金结构 （1）股利政策 （2）现金增资 3. 收购和合并	一类财务结构
二、经营权 董事会	1. 决定公司策略（多角化方式） 2. 选任高阶管理者 3. 监督高阶管理阶层	二类偿债能力 四类获利能力 五类现金流量
三、管理权 （一）总经理	1. 决定战术（俗称“政策”） 2. 选任和监督中阶管理阶层	六类杠杆程度
（二）功能部门主管，尤其是核心功能部门	1. 核心活动部门 （1）制造部 • 采购部 • 工厂 （2）业务部 （3）研发部 2. 支持活动部门	三类经营能力，本质上是管理能力

5－2 企业诊断的种类——损益表结构是公司的体检报告

公司内外部人士都想对公司进行健康检查，所以许多企管课程中有“企业诊断”，本单元说明其分类和建议。

一、大分类：财务诊断对比财务以外诊断

由表2－9可见，企业诊断有许多方式，本书以财务报表来区分，分成两大类。

财务诊断＝财务（常见的是财务报表）＋诊断（通过分析进行推论）

表2－9　企业诊断的种类

大分类	中分类	小分类
一、财务诊断：财务报表分析	（一）财务比率分析 （二）单一会计科目分析	6类22个指标 1. 趋势分析营收成长率 2. 成长（变动）率 3. 其他
二、财务以外诊断	（一）其他 （二）玄学 （三）神学	《易经》（卜卦）、星座，用神学经典来解说

二、公司三个高层的能力评比

美国职业篮球以得分、篮板、助攻、失误来衡量球员的表现，在《策略管理》一书中，以公司三个高层的能力开发等方式进行衡量，详见表2－10。

表2－10　《策略管理》一书中有关公司各级人员经营、管理能力的衡量

组织层级	观念	运用
一、董事长	• 第84页表3－3实用企业家经营能力量表 • 7题，每题1～10分	本书不说明
二、总经理、事业部主管	• 第89页表3－5实用总经理、事业部主管管理能力量表 • 6题，每题1～10分	本书不说明
三、功能部门	• 第334页图10－7 2001年某上市公司冷冻调理事业部和标杆公司损益表比较	本书单元5－3各功能部门绩效判断——从损益表中可以慧眼识英雄

三、聚焦在公司各项功能上的健康检查

高明的中医光凭把脉便可以诊断出病人的毛病，西医则是通过仪器等迅速了解人的健康情况。同理，事业部经营得好或坏，从损益表即可见全貌。但经营绩效好或坏的原因在哪里呢？损益表就跟 X 光片一样，真实反映，除非有人误导会计部。如此一来，进行事业部策略型态分析非常快，就跟新式的全身体检一样，号称不需超过 4 小时，比传统方式快多了。

1. 源起

我第一次了解一家公司各功能部门主管（大都是副总经理级），是在 2000 年 3 月出版的《企业购并：理论与实务》一书第 18 章《购并后过渡期的人力资源管理》的第 1 节《购并后高阶管理者的选任》中，文中提到，如果卖方公司功能部门主管适任，便最好予以留任。文中引用美国学者的判断方式。

2. 发展出方法

在《策略管理》一书第 10 章《事业策略规划》的第 7 节《从损益表出发的事业诊断》中，提出本单元的分析，这灵感来自我 1994 年 6 月在泰山企业担任董事长特助时协助整顿冷冻调理食品事业部。

5－3 各功能部门绩效判断——从损益表中可以慧眼识英雄

比较两个同龄人的身体健康检查报告，参照平均数，大抵可判断出谁更健康些。

同样地，把两家同行相似的公司的损益表进行比较，就可以发现差异。表2－11中两家民营生产业公司可以说是“白柚跟橙子”的比较。

一、第一关：成本率与毛利率

由表2－11上半部分可见两家公司的基本获利能力。

1. 成本率

由于本公司未达规模经济量，产能利用率约为20%，因此制造费用中的折旧费用无法拉低。再加上进料成本也未达批量采购的数量折扣，因此本公司成本率为90%，标杆公司只有60%。

2. 毛利率

由于本公司成本率极高，毛利率为10%，因此还没出厂就知道一定会亏损。

二、第二关：费用率与净利率

比完毛利率，再来比较营业净利率。

1. 费用率

本公司费用率为52%，比标杆公司的30%高出一大截。

（1）研发费用率：为了简化起见，假设研发费用微不足道。

（2）营销费用率为42%：主要是打广告与卖场试吃费、物流费用。

（3）管理费用率为10%：这项有点规模经济效果，是固定金额，随着营收变大而降低。

2. 营业净利率

本公司营业净利率为－42%，卖一个产品几乎亏半个；标杆公司营业净利率为10%，这是此行业规模经济水平且是管理老道公司应有的水平。

三、第三关：营业外收支与所得税费用

为了简化起见，此损益表只比较营业外收支与所得税费用。

1. 营业外收支

两家公司营业外收入皆为0，营业外支出（财务成本）率皆为4%。

2. 所得税费用率

以标杆公司来说，税前净利率6%乘以营业所得税税率17%，得1.02%，即所得税费用率为1.02%。

四、小结

本公司是市场新进者，初学乍练，在制造（自制或外包）、营销（物流自建或外包）策略方面都有许多地方有待精进，详见单元5－6的说明。

表2－11　某上市公司与标杆公司营收结构比较（%）

损益表	本公司：甲公司	标杆公司：奇美食品	负责部门
营收毛额	104	100	/
－销货退回和折让	4	/	/
＝营收净额	100	100	业务部
－营业成本	90	60	/
原料	/	/	采购部
直接人工	/	/	制造部
制造费用	/	/	/
＝毛利	10	40	/
－营业费用	52	30	/
• 管理费用	10	2	管理相关部门
• 研发费用	/	/	研发部
• 营销费用	42	28	业务部
物流费用	12	8	运筹部
＝营业净利	－42	10	/
＋营业外收入	0	0	/
－营业外支出	4	4	财务部
＝税前净利	－46	6	/
－所得税费用	/	/	会计部
＝净利	/	/	/

注：物流费用是营销费用的一大部分，因其较重要，特别进行独立分析。

知识维生素

公司内部人士的数字管理

会计是管理工具，财务报表是数字管理基本的数据，尤其是损益表。“春江水暖鸭先知”，同样的损益表，公司内部人士比外部人士至少多一项。

- 外部人士只看到营业成本。
- 公司内部人士看得到营业成本细项，详见表2－12中的制造费用，主要是指折旧费用、水电燃料费、间接人工费用。

5－4 损益表上成本、费用的负责部门

在身体健康检查时，透过验血、验尿、粪便检查、量血压与测心电图、照X光等，医生大抵可了解一个人重要器官（心、肝、肺、肾、胰脏）的健康状况。有许多专家想对企业进行诊断，大学中有些企业管理系有“企业诊断与经营分析”课程。其中重点是了解各功能部门主管是否适任、尽责。

拿财务报表中的损益表结构跟对手（或标杆公司）比较，八九不离十可以了解那个功能部门主管做得如何。

一、功能部门的分类：波特的核心、支持活动

全球企管学者、知名度数一数二的美国哈佛大学商研院教授、策略大师迈克尔·波特认为，有三项观念普遍适用，由大到小依次为：

（1）1979年产业分析的“五力分析”。

（2）公司事业部的事业策略。

（3）公司组织设计的核心、支持活动部门。这是本单元的焦点。

1. 回复基本

撇开波特对核心、支持活动部门的图示，由表2－12可见，波特是把损益表上各项营业成本、费用的各功能部门归成两大类。

表2－12　公司各功能部门对应的损益表科目

损益表科目	功能部门	说明
营收 －营业成本 • 原料 • 直接人工 • 制造费用	一、核心活动 1. 业务部 2. 制造部 （1）采购 （2）制造	业务部负责营收和营销费用，公司内部人士借由管理会计才看得到营业成本的成分
＝毛利 － 营业费用 • 研发费用 • 营销费用 • 管理费用	3. 研发部 业务部 二、支持活动 1. 人力资源部 2. 信息部	广告费、人员销售成本、物流费用是营销费用的主项
＝营业净利 ＋营业外收入 －营业外支出 ＝税前净利	3. 财务部 总经理	营业外支出主要是财务成本，主要是指贷款等利息费用

2. 公版的组织图

波特的核心、支持活动启发了我设计出“公版的组织图”，把各公司的组织图画成同一种格式，可以方便过去跟现在进行比较、不同公司进行比较，以表中第一栏作为架构，就很容易了解。

二、当责与关键绩效指标

1. 当责

2011 年，台湾的公司大谈了一阵子“权责相符”中的“当责”，这在管理会计等之中早已讲清楚、说明白。

2. 关键绩效指标（KPI）

自 2005 年起，在“当责”的观念之下，每个部门、每个员工（职务）皆有其该负责的关键绩效指标（KPI）。

小博士的话

台积电的绩效管理与发展

时间：1998 年 10 月

地点：中国台湾新竹市

公司：台积电

事件：针对每个职务制定工作目标

知识维生素

迈克尔·波特小档案

出生：1947 年 5 月 23 日，美国密歇根州安娜堡

现职：美国哈佛大学商学院教授

经历：曾经自创顾问公司

学历：美国哈佛大学企业管理硕士、商业经济博士

著作：《竞争策略》（1980 年）、《竞争优势》（1985 年）、《国家竞争优势》（1991 年）

5－5 台积电与联电损益表对比

把台积电与联电获利能力进行对比，以2015—2016年为例。

一、台积电成本率与纯益率

台积电高阶管理阶层人事稳定，所以损益表上的成本率、费用率与获利能力的差异，不是“换人做做看”的结果。

1. 趋势分析

2015年、2016年各项费用率差别大的体现在营业成本率上，2015年为51.30%、2016年为50.00%，见表2－13。背后反映出半导体业成长率、竞争与汇率。

2. 2016年纯益率为35%

2014年纯益率从31.50%增长到35.00%，2015年为36.34%，平均每年上升1%，原因是营收有规模经济效果，但2016年下滑。

表2－13　2015—2016年台积电与联电的损益表结构（%）

损益表	台积电		联电	
	2015年	2016年	2015年	2016年
营收	100.00	100.00	100.00	100.00
－营业成本	51.30	50.00	78.07	79.44
＝毛利	48.70	50.00	21.93	20.56
－研发费用	7.76	7.00	8.41	9.15
－管理费用	2.00	2.00	2.57	3.92
－营销费用	1.00	1.00	2.81	3.10
＝营业净利	37.94	40.00	8.14	4.39
＋营业外收入	3.60	1.00	2.35	1.19
－营业外支出	/	/	0.36	2.10
＝税前净利	41.54	41.00	10.13	3.48
－所得税费用	5.20	6.00	0.61	0.67
＝纯益	36.34	35.00	9.52	2.81

注：年报上的损益表结构，数字为四舍五入。

二、台积电与联电比较

在损益表结构方面，台积电与联电每项差异甚大。

1. 差异的源头：营业成本

四种获利（毛利率等）都是营收减掉营业成本、营业费用的结果，所以找差异原因宜从这三项动因着手。

台积电毛利率约为 50.00%、联电约为 20.56%，联电的毛利率是台积电的 41%。差异如此大的原因在于同样成本的产品，由于台积电制程技术约领先联电 1 年以上，平均售价（ASP）较高，如此一来，营业成本率约为 50%，联电营业成本率约为 79.44%。台积电获利能力是联电的 2 倍，原因归功于两个部门：

（1）研发部：研发部研发的产品制程技术，仅小幅（约 6 个月）落后于美国英特尔，而中幅（约 1 年）领先晶圆代工第二名以下的同业。

（2）制造部：制造部的专长在于操作机台，表现在产能利用率上，台积电在 90% 以上。

2. 营业费用率，双雄差异大

联电营业费用率比台积电多 6%，主因是营销费用率、管理费用率较高。

3. 营业外收支，台积电起伏大

联电转投资较多，会有“母以子为贵”的效果显现在营业外收入的转投资盈余上，但这几年，随着“联”字辈的股票纷纷出脱（皇冠上的珍珠联发科技，其他如联景光电、联咏科技等），仅营业外收支就占营收比重的约 0.91%，跟台积电的 1% 相近。

至于 2015 年台积电营业外收支大增到占营收的 3.6%，则是例外情况，主要是卖艾司摩尔持股的投资收入。

知识维生素

2015 年台积电营业外收入大增

台积电 2014 年营业外收入（净额）约 62 亿元，2015 年跳升到 350 亿元，新增 288 亿元，其中 75% 来自出售荷兰艾司摩尔的持股。

时间：2015 年 5 月 10 日

出售金额：660 亿元

税前获利金额：214 亿元

每股盈余贡献：0.75 元

5-6 董事会最关键决策——制造（自制对比外包）

以制造业中的品牌公司来说，董事会面临最重大的决策便是“自制对比外包”。这答案很重要，因为营业成本率超过50%，一旦成本偏高，定价空间受限，经营自由程度受限，就可能危及企业生存。“制造策略”这个用词不常见，我们根据“策略”的定义，把“制造策略”解释为“自制或外包”，甚至连代工公司也会面临核心业务（例如小样零组件）外包生产。

一、第一层决策：营收对比成本导向

依“80:20原则”，在第一层决策时，大抵可以采用二分法，详见表2-14。

1. 营收导向，占公司数目的20%

当顾客有制造者、产地（例如原产地日本）偏好时，顾客宁可多花些钱，以求质量（例如日本家电有日制、其他国家制）。

像美国可口可乐公司的可乐成分属于营业秘密，不能公开申请专利（此处，专利有效期间有限），所以只好关起门来自己生产。此外，自制有其原因：控制质量。服务业中有些公司不开放加盟，即坚持直营或授权地区经营，例如星巴克。

2. 成本导向，占公司数目的80%

大部分顾客都是斤斤计较的，价格导向99%以上的情况皆可以外包生产，此时决策准则在于成本孰高孰低，重大差别在于规模经济水平。

二、第二层决策：自制或外包

关于成本导向情况，公司以是否达到规模经济为准，以手机为例，月产200万台，年产2,400万台。

1. 自制情况，占20%

全球市场占有率位居前列的三星电子、LG电子年销量各2亿台以上，远超规模经济量，组装厂大都设在劳工低廉的国家，如越南、印度。

2. 外包情况，占80%

中国大陆不出名的品牌手机一开始都是小公司，都是委外生产；苹果公司iPhone年销2.2亿台，采取来料加工方式，鸿海科技、和硕联合科技1台手机的代工收入是144元。

自2014年起，宏达电子被中国大陆手机公司夹击，销量大减，外界人士建议其外包，但公司仍以质量为理由，坚持自制。2015年初，宏达电子聘请资诚联合会计师事务所进行评估，以裁员为主要的复苏计划，各区域总经理强烈反对，以致未下决策，第二季亏损。8月13日，董事长王雪红致信员工，全球裁员15%，以避免自由现金流量耗尽。

表 2－14　公司制造策略的阶段决策

第一层	第二层	手机公司
一、营收导向，占 20%	1. 质量考虑 2. 守密考虑自制，例如美国可口可乐	中国台湾宏达电子
二、成本导向，占 80%	1. 当自制达规模经济水平 2. 当自制未达规模经济水平	韩国三星电子、LG 电子 中国大陆的大部分手机公司，如小米等，尤其是不出名的品牌公司

知识维生素

台积电让员工安居乐业

时间：2011 年 10 月 15 日

地点：中国台湾新竹市

人物：张忠谋

事件：张忠谋说，台积电的员工待遇及分红一直处于台湾企业中的顶尖水平，台积电希望在高收入及低收入的中间再创造一个驼峰，因为只有好的待遇才能让员工安居。至于乐业，自 2010 年起，其已要求员工每周在公司的时间不能超过 50 小时，同时改善工作环境。

（整理自《工商时报》，2011 年 10 月 16 日，A3 版）

知识维生素

单元 5－3 的情况深入分析

对于冷冻食品，有规模经济的门槛，例如包子月产百万个，但甲公司到第三年时月销只有 1/3，单位成本每个包子为 6 元，几乎是奇美食品公司的 2 倍，出厂价为 4.8 元，也就是每制做 1 个包子，一出厂门就赔 1.2 元，而最后卖掉时还需加计营业费用，可说是“卖得越多，赔得越多”。结论很明显，那就是生产决策错误，应该不要自制，改用外包方式（至少每个包子还有 1.6 元的毛利）。

5－7 劳工、机台生产力

把营收（成长率）、净利（成长率）比喻成汽车，小马力汽车跑得快算厉害，大马力汽车跑时速 200 公里可能算慢的。同样地，在公司，营收、净利的成长如果是砸大钱出来的，可能就“所费不赀”，因此在考虑营收成长时，必须一并考虑效益成本分析。

在经济学中针对经济成长率（即实质总产值成长率）的贡献来源，根据五种生产因素的贡献，将生产力分成两类。

国家、公司的生产函数

$Y=PF$（Land,L,K,T,E）...

Y	产出（也称为“总产值”，一家公司称为“产量”“产值”）
P	生产函数
Land	自然资源，指水、电、空气、土地等
L	劳工
K	资本，指机器设备等“生财器具”
T	技术
E	企业家精神

1. 全生产力

这是隐函数，当五种生产因素的参数明确写出时，那是显函数，一般公司制造部的企划处在算产能时的“人机组合”便是。

2. 偏生产力

当只变动一个生产因素时（例如增加劳工），来看对产量的影响，称为“偏生产力”，这跟微积分的偏微分道理一样。

表 2－15　两种常见偏生产力的衡量

<table>
<tr><td rowspan="3">一、分子（即产出）：损益表</td><td rowspan="2">（一）产出</td><td colspan="3">1. 产量</td></tr>
<tr><td colspan="3">2. 营收</td></tr>
<tr><td>（二）获利：净利</td><td colspan="3"></td></tr>
<tr><td rowspan="2">二、分母（即投入）：生产因素</td><td>（一）劳工</td><td>产量/员工人数
＝人均产量</td><td>产量/股数
＝每股产量</td><td>营收/员工人数
＝人均营收</td></tr>
<tr><td>（二）资金：根据资本额中的每股股数写</td><td>营收/股数
＝每股营收</td><td>净利/员工人数
＝人均净利</td><td>净利/股数
＝每股盈余</td></tr>
</table>

表 2－16　2015 年全球科技公司人均营收

排名	国家/地区	公司	（1）营收/亿美元	（2）员工/万人	（3）＝（1）÷（2）人均营收/万美元
1	美国	苹果	1, 693. 0	90, 800	186. 5
2	美国	谷歌	660. 0	57, 148	115. 5
3	日本	软银	646. 0	70, 336	91. 8
4	美国	微软	868. 3	118, 584	73. 2
5	美国	亚马逊	889. 9	154, 100	57. 7
6	日本	索尼	752. 6	131, 700	57. 1
7	美国	英特尔	558. 7	106, 700	52. 4
8	韩国	三星	1, 884. 8	489, 000	38. 5
9	美国	惠普	1, 114. 5	302, 000	36. 9
10	日本	日立	931. 8	326, 240	28. 6
11	日本	松下	749. 7	271, 789	27. 6
12（本书加）	中国台湾	台积电	110. 0	45, 272	24. 3
		联发科	14. 5	7, 000	20. 7

资料来源：美国 Business Inside，2015 年 10 月 7 日。

5－8 台积电的员工生产力

员工生产力是最常见的偏生产力指标，原因很简单，员工人数是外界人士最常见的公司生产因素的数据。本单元以台积电 2014—2016 年的资料来分析，并与美国英特尔对比，得出台积电出类拔萃的结论。

一、人均营收

1. 2016 年人均营收 2, 002 万元

工业中的制造业分成传统产业、高科技产业，人均营收以 600 万元为分水岭。台积电人均营收 2, 002 万元，约 60 万美元，可谓很高。

2. 营收成长率大于员工成长率

营收成长率超过 10%，员工人数成长率约为 4%，因此人均营收成长率超过 6%，可套用俗语“生之者众，食之者寡”来形容。

二、人均净利

1. 2016 年人均净利 706 万元

台积电人均净利 706 万元（23. 22 万美元），算是台湾各行各业中顶尖的。

2. 趋势分析

净利成长率超过 10%，员工人数成长率达 4%，因此人均净利成长率超过 6%。

三、员工的素质

1. 员工平均年龄代表健康

员工的年龄代表员工的健康指标，以制造业来说，“年轻就是本钱”，企业总希望员工平均年龄在 30 岁以下，有体力拼命加班。台积电员工平均年龄每年增加 0. 5 岁，2016 年为 35. 2 岁，离体力工年老力衰的临界门槛 48 岁还有一段距离。

2. 员工平均服务年资代表经验

员工的服务年资代表经验、对公司的认同，台积电员工平均服务年资到 2016 年为 8 年，可能原因是基层作业员占员工人数的 17. 7%，这些人流动性高，所以年资只有一两年，把平均值拉低了。

3. 员工学历结构

由台积电的员工学历结构可看出，硕士以上占 44%，是知识型公司的代表，2016 年博士有 2, 083 人，占员工人数的 4. 4%，呈现小幅增长。这也反映出台湾的大学博士产量甚多，其中约有 1, 400 位博士在研发部以外的地方工作。

表 2-17　2014—2016 年台积电的员工情况

员工生产力			2014 年	2015 年	2016 年
一、员工人均营收	(1) 营收/亿元		7,628	8,435	9,479
	(2) 员工人数/人		43,591	45,272	47,342
	(3) 人均营收/万元 = (1) ÷ (2)		1,750	1,863	2,002
二、人均净利	(4) 净利/亿元		2,628	3,066	3,347
	(5) 人均净利/万元 = (4) ÷ (2)		603	677	707
三、员工素质	(6) 年龄/岁		34.1	34.6	35.2
	(2) 服务年资/年		6.9	7.5	7.9
	(3) 学历结构/%	博士	4.2	4.2	4.4
		硕士	37.9	39.2	39.4
		学士	26.7	26.2	26.7
		其他	11.4	12.2	12.2
		高中以下	19.8	18.0	17.7

资料来源：学历数据来自历年台积电年报（一），第 73 页，其中还有工作类别、性别等信息。

知识维生素

台积电在半导体制造业中专利得分第一

时间：2017 年 1 月 2 日

地点：美国

机构：国际电机电子工程学会（IEEE）旗下 *IEEE Spectrum* 杂志

事件：2015 年美国专利商标局（USPTO）依 5 个指标算出标得分，半导体制造业专利得分前十如下

排名	国家/地区	公司/机构	标得分
1	中国台湾	台积电	3,742
2	日本	半导体能源实验室	3,586
3	韩国	三星电子	2,614
4	美国	英特尔	2,449
5	美国	Intermole Cular	2,257
6	美国	晟碟	1,996
7	百慕大	Marvell	1,870
8	美国	Terresa	1,759
9	美国	Inversense	1,313
10	美国	博通	1,115

Date ______ /______ /______

第 6 章
资产负债表切入的经营绩效分析

6－1　权益报酬率——股东最切身的事
6－2　权益报酬率分解——杜邦方程式
6－3　台积电与联电的权益报酬率——杜邦方程式的运用
6－4　获利目标——权益报酬率在 20% 以上
6－5　台积电董事会
6－6　董事酬劳

6－1　权益报酬率——股东最切身的事

上班族劳心劳力，换取薪资（包括分红）、福利（指非现金给付的报酬）。

同样地，公司小股东出钱认购公司股票，图的便是权益报酬率（ROE）。

一、既生瑜，何生亮

公司的每股盈余可以说是股票投资人最关心的事。那为何多此一举地说明权益报酬率呢？

用生活例子来比喻：

（1）男女朋友关系如同股票投资人。

（2）夫妻关系如同股东。

每年五六月是股东大会旺季，4 月时，一堆投资人忙着把股票过户，由投资人变更为股东。如此可参加股东大会，小至领股东大会赠品，大至取得投票权、被选任为董事等。当公司走上清算一途时，股东有公司剩余资产（即还债后）的求偿权。

二、权益报酬率公式

权益报酬率是指公司董事会替股东出资（即权益）所带来的报酬率，由表 2－18可见，它包括分子、分母两项。

表 2－18　权益报酬率与台积电权益的成分

权益报酬率 = $\frac{\text{净利}}{\text{平均权益}}$
本书例子 = 102 亿元 ÷ 550 亿元
台积电 2016 年例子 = 3, 343 亿元 ÷ 13, 063 亿元 = 25. 60%
15, 063. 4 = （12, 226. 3 ＋ 17, 900. 5）÷ 2
ROE ＞ R_f + 7%；右项是美国股票投资人必要报酬率
R_f：f 代表 risk－free，无风险利率
美国指标是 10 年期政府公债殖利率 2017 年 12 月的 2. 254%

1. 分子：净利

根据季财报，可算出季净利，但常见的是年损益表中的净利。

2. 分母：平均权益

平均权益是指一年 12 个月权益的平均数，比较偷懒的做法是 1 月（期初）、12 月（期末）的金额相加除以 2。例如 1 月是 500 亿元、12 月是 600 亿元，那么平均权益是 550 亿元。

三、比较权益报酬率

一家公司的权益报酬率究竟是高还是低，至少有三个标准。

1. 低标（无风险利率）

你去兼职，时薪160元，是高还是低？从2017年起，兼职最低时薪为133元，所以160元是133元的1.2倍。同样地，无风险利率可以说是投资人的低标，常见的说法是："这家公司替股东赚这么少（例如权益报酬率为1%），干脆卖股去银行定存。"定存利率称为"无风险利率"。

2. 中标（跟行业平均数比）

3. 高标（跟行业龙头比）

表2-19 2012—2016年台积电资产负债表中的（业主）权益 单位：亿元

科目		2012年	2013年	2014年	2015年	2016年
一、股本		2,592.00	2,592.86	2,592.70	2,593.00	2,593.00
二、资本公积		556.80	559.00	560.00	563.00	567.00
三、保留盈余	1. 法定盈余公积	1,158.00	1,324.00	1,512.50	1,776.50	2,083.00
	2. 特别盈余公积	76.00	27.85	—	—	—
	3. 未分配盈余	2,850.00	3,830.00	7,052.00	8,943.00	8,637.00
四、其他权益		-27.80	141.00	257.00	118.00	16.00
五、非控制权益		2.54	2.67	1.27	9.60	8.00
小计		7,207.54	8,477.38	11,975.47	14,003.10	13,904.00

注："股本"之前有"转换特别股"，股本分为普通股、预收股本。"其他权益"之后还有一项"库藏股"。

知识维生素

台积电股本和保留盈余

由表2-19可见台积电有"两不变"：

（1）股本2,592亿元左右。

（2）资本公积556亿元左右。

有一大"变"，保留盈余中的未分配盈余，这是因为入大于出，每赚100元，约有45%以现金股利付给股东。因此2014年已达7,052亿元，2015年近9,000亿元，是股本的3.5倍。

6－2 权益报酬率分解——杜邦方程式

权益报酬率是结果，如何“更上一层楼”？最直接的便是把权益报酬率分解，从各个项目下手。最常用的公式是杜邦方程式。

一、杜邦方程式的典故

果子电影公司的导演魏德圣拍了电影《海角七号》（2008 年）、《赛德克·巴莱》（2011 年），他认为电影就是“要会说故事”。同样地，在企业中，大部分工具的出现，都有时空环境。

1912 年，美国杜邦公司业务部主管之一布朗想更精准地了解权益报酬率的驱动力，因此依据财报科目特性，把权益报酬率拆成三项，即杜邦方程式的前身。开始是他一个人用，到了 1920 年，杜邦公司的财务全部采用。由于杜邦公司很大，在其他公司学习其方法时，便将其称为“杜邦方程式”。

二、杜邦方程式的名称由来

杜邦方程式可大致分解成两个名词：

1. 杜邦公司

杜邦公司前身是创办于 1802 年 7 月的杜邦火药厂。1915 年杜邦公司成立，是全球第二大化工公司，女性穿的丝袜等都是其发明的。该公司大部分时期都是美国指标性股价指数道琼斯工业指数（30 只）的成分股，足见杜邦公司的重要性。2017 年该公司跟陶氏化学公司合并，改称“陶氏杜邦”，成为全球第二大化工公司，仅次于德国巴斯夫公司。

2. 方程式

方程式一般是指数学等式，其他名称有杜邦“分析”“模型”“方法”或“等式”。

三、杜邦方程式的组成

表 2－20 中的式（1）有三项，第一项分母、第二项分子对削，第二、第三项同理，于是会衍生出三项：

（1）式（1）第一项：纯益率（详见单元 5－5）。

（2）资产周转率：100 元资产一年可创造多少营收金额。

（3）权益倍数：权益倍数比较难“望文生义”，所以要额外说明。

四、杜邦方程式的各项分析

杜邦方程式又有衍生型。

1. 杜邦公式中有两项不通

有些教科书把式（2）的第一、第二项拿出来，分成资产报酬率（ROA），称为“杜邦公式”。

但这是行不通的，原因有二：第一，由单元 15－4 可知资产报酬率的分子是净利加税后利息；第二，分母是年初与年底的平均资产。

2. 第三项本书称为“权益杠杆倍数”

表 2 - 20　杜邦方程式图解与图像记忆

<table>
<tr><th>损益表（I/S）</th><th colspan="2">资产负债表（B/S）</th></tr>
<tr><td>营收（TR）</td><td>资产（A）</td><td>负债（B）</td></tr>
<tr><td>= 营业净利
+
营业外支出
= 税前净利
- 所得税费用
= 税后净利</td><td></td><td>权益（E）</td></tr>
<tr><td>T_e：公司税税率</td><td></td><td>$ROA = \frac{净利 + 利息（1 - T_e）}{(A_0 + A_1) \div 2}$
$ROE = \frac{净利}{(E_0 + E_1) \div 2}$　（式 1）
0 代表年初
1 代表年末</td></tr>
</table>

$\frac{净利}{TR} \times$ 纯益率	$\frac{TR}{A} \times$ 资产周转率	$\frac{A}{E} =$ 权益倍数	ROE　（式 2）

在资产报酬率的公式中，分子包括两项。

（1）用权益赚的净利。

（2）用负债赚的税前利息。

6-3 台积电与联电的权益报酬率——杜邦方程式的运用

在单元4-5中曾说明在比较分析时，宜找大小差不多的公司，本单元是第一次进行比较分析，跟台积电相比的是晶圆代工业中第二名的格罗方德，但它在新加坡上市，台湾人较熟悉的还是晶圆代工业第三名的联华电子。所以本书以台湾晶圆双雄来进行对照。

先看表2-21，平均来说，台积电权益报酬率远远高于联电，本单元以杜邦方程式来分析，依其右式一、二、三项逐项说明。

表2-21　2012—2016年台积电与联电的杜邦方程式

科目		2012年	2013年	2014年	2015年	2016年
一、台积电	（1）纯益率	0.3356	0.3134	0.3613	0.3652	0.34
	（2）资产周转率	0.53	0.47	0.51	0.73	0.57
	（3）权益倍数	1.33	1.49	1.43	0.79	1.32
	（4）权益报酬率＝（1）×（2）×（3）	0.2366	0.2195	0.2635	0.2106	0.2558
二、联电	（1）纯益率	0.0366	0.0978	0.082	0.0868	0.0261
	（2）资产周转率	0.39	0.42	0.45	0.49	0.41
	（3）权益倍数	1.38	1.39	1.39	1.01	3.51
	（4）权益报酬率＝（1）×（2）×（3）	0.0197	0.057	0.0513	0.043	0.0375

一、纯益率

由表2-21中晶圆双雄的纯益率可见，台积电的权益报酬率远远高于联电，大概90%以上的原因是2016年台积电的纯益率是联电的6.8倍。原因有：

（1）客单价高：台积电技术能力高，能接高规格订单（例如2017年苹果公司iPhone 8s的A11芯片），定价能力高，例如12英寸晶圆价格为1,900美元，对手打八折接单。

（2）营业成本相差很大：成本率50%：79.45%。

（3）毛利率差很大：50%：20.55%。

（4）营业费用率相近：10%：15%。

（5）纯益率：34%：2.61%。

二、资产周转率

由表2-21可见，台积电的资产周转率比联电高。

（1）台积电100元资产可做到57元（营收）。

（2）联电 100 元资产可做到 41 元（营收）。其原因也很简单，台积电接到大客户大订单多，产能利用率（俗称“稼动率”）高（常在 90% 以上）。

联电并没在公司网站上揭露产能利用率，但就过去的数字来看，比台积电少 5%，产能利用率低，资产周转率也就低。

三、权益倍数

晶圆代工双雄的权益倍数相近，以其倒数的自有资金比率来说，这两家公司在资金结构方面差相很大，台积电财务结构较稳健。

1. 以自有资金比率来说

台积电自有资金比率是 74%，联电是 45%，两家公司相差很大，所以联电用较少的自有资金大拼营收，权益倍数自然高。

2. 以负债比率来说

台积电负债比率是 26%，联电是 54%，两家公司相差很大。

知识维生素

倍数 X

X 有两种译词：倍数、乘数。本书采用倍数，最常见的倍数便是本益比，例如台积电本益比为 16X，这后面的“X”便是倍数的英文简写，中文念成“16 倍”。

权益倍数是自有资金比率的倒数，公司资产 100 亿元中的资金来源分成两项：

（1）负债 40 亿元，负债除以资产称为“负债比率”，此例对应为 0.4。

（2）权益 60 亿元，权益除以资产称为“自有资金比率”，此例对应为 0.6。

6－4 获利目标——权益报酬率在20%以上

股票投资人（尤其是股东）看重的是公司的权益报酬率、每股盈余，台积电前董事长张忠谋是上市公司董事长中少数明确说明权益报酬率目标的。

一、2011—2015年的5年计划

由表2－22可见，在台积电的长期计划中，2010年的5年计划跟其他公司一样，对营收成长率、权益报酬率有明确的数据。

1. 净利

营收、净利有一半以上受经营环境影响。

2. 资本形成

为了达到权益报酬率为20%的目标，在分母的权益上，台积电在资本形成方面极谨慎。

（1）现金增资：跟台湾塑料公司一样，股票上市以来未做过现金增资。

（2）股利政策：2003年配发股票股利1.4元，股本成长300亿元。从2006年起，几乎全部采用现金股利，股本维持在2,600亿元水平，以控制每股盈余在5元以上。

（3）净值（或权益）：由于每年盈余仅70%以现金股利方式发放给股东，因此保留盈余、资本公积等占权益的75%，股本占25%，权益还是每年增长。

二、2016年以后

2013年12月初，张忠谋接受周刊记者访问时，提到2016年的营收目标，详见表2－22第三栏。

小博士的话

台股投资人结构（集中市场交易金额投资人结构）

单位：%

时间	法人	外资	自然人
2010年	13.6	18.4	68.0
2011年	15.4	21.8	62.7
2012年	15.4	22.6	62.0
2013年	16.2	24.6	59.2
2014年	17.4	23.8	58.8
2015年	18.3	28.4	53.3
2016年	17.6	30.4	52.0
2017年1月	17.2	30.4	52.3
2017年2月	16.0	27.3	56.7
2017年3月	15.2	27.2	57.4

资料来源：台湾金融监督管理委员会。

表2－22　张忠谋对台积电获利能力的目标

	2011—2015年	2016年以后
1. 税前净利		
•目标	年平均复合成长率（CAGR）10% 以上	营收成长率：2016—2017 年，半导体产值成长率趋缓（4%～5%），台积电营收成长率高于产业成长率
•事实	2011—2013年未达标	
2. 权益报酬率		
•目标	每年 20% 以上	
•事实	每年达标，详见单元 6–3	

6－5 台积电董事会

要了解公司的获利目标、获利能力（即实际绩效），必须先了解公司的“大脑”（即董事会）、“手脚”（即管理阶层），详见第15章。

“正确的开始，成功的一半”，这句俗语贴切地说明了公司董事会决策（公司策略）的重要性。本单元将说明台积电董事会的组成与运作，以确保公司的决策质量、公司治理。

一、绝对权力会使人绝对腐败

在英国的民主化过程中，累积了许多智慧，其中之一是许多人朗朗上口的“绝对权力，绝对腐败”。台积电前董事长张忠谋主动表示希望董事中有世界级人物以提供世界级视野。

2016年，张忠谋持股12.5万股，占台积电股权的0.483%，只是“专职管理者”，持有股票主要来自之前的员工（注：执行长是员工）分红入股。

二、公司董事会的组成

公司治理的重点在于“兴利除弊”，重点在于董事会的组成，不在于独立董事的人数与占董事席次的比重，由表2－23可见，台积电董事分成两类：

（1）董事五席：2017年6月8日，股东会中决定新增2名董事，由魏哲家、刘德音出任。

表2－23 台积电董事会的组成

独立董事运作	董事
5位，详见表2－24	董事长：张忠谋 副董事长：曾繁城 董事：李钟熙（“行政院”国家发展基金会法人代表） 刘德音 魏哲家
1. 审计委员会 2. 薪酬委员会	

（2）独立董事五席：由表2－24可见五席独立董事，并且组成审计委员会、薪酬委员会。其中审计委员会的功能有二：选定签证会计师事务所与会计师；通过审查公司财务报表，出具“审计委员会审查报告书”。

表 2－24　台积电独立董事

姓名	其他现职	经历
彼得・邦菲爵士	荷兰思智浦半导体董事长	ICL 董事长
汤玛仕・延吉布斯	美国 J. C. Penny 公司董事长	美国德州仪器董事长
麦克・史宾林特	美国纳斯达克公司董事	美国应用材料董事长
施振荣	宏碁公司创办人、董事	宏碁董事长
陈国慈	表演艺术中心董事长	律师事务所合伙人

三、独立董事的运作：玩真的

从程序、组成等中可了解台积电董事会的运作。

（1）一季一次的董事会，每次开两天半：由于有海外独立董事，为顾及其本身工作，因此董事会在每季固定的时间召开，以方便各董事排定工作时程。以一次董事会花两天半来说，时间很长。

（2）重点在于投资计划：公司董事会最重要的功能有二，即“选对方向、找对人”，公司方向主要指多角化方向，具体表现在投资计划（尤其是本业的资本支出，详见第 8 章）上。

（3）平衡各利害关系人利益：董事会中薪酬委员会主要决定董事的酬劳、高阶（协理以上）管理阶层的薪资与分红。

四、证交所的公司治理评鉴

自 2013 年起，证交所对上市公司的公司治理实施评鉴，台积电历年皆是绩优，任何事项皆做在法令要求之前，把“法令遵循”视为基本线。

6-6 董事酬劳

董事酬劳是公司的利害关系人利益中的一大项，本单元将说明台积电的董事酬劳。

一、证交所的规定与揭露

上市公司董事酬劳向来是各界关注的焦点，哪些公司董事最幸福，可以拿最多酬劳，是否可与其获利相配，都是投资人所关心的。如果亏损的公司，董事还可以拿到高额董事酬劳，往往会被外界讥讽为“肥猫”。

每年6月，各上市公司开完股东大会，通过员工红利，制订董事酬劳分配方案。7月底，证交所会公布上市（柜）公司董事酬劳（证交所称为“董监酬金”）。《财讯》双周刊照例会分析哪些公司董事“为富不仁”。

（1）法令上限。盈余2%：为了避免董事慷股东之慨，法令规定董事酬劳上限为公司净利的2%。

（2）前十大董事酬劳企业排行榜。董事酬劳前十大公司有下列两种分类方式：一是只算董事，二是董事兼员工（可领员工红利）。

二、台积电董事酬劳

由表2-26可见，台积电2016年平均董事酬劳约4,625万元，2015年的水平在此附近。以2016年来说，张忠谋2.87亿元，独立董事在1,200万～1,500万元，折合约47万美元每人。

1. 占净利的0.11%

2016年3.7亿元董事酬劳，占3,342亿元净利的0.1%，比率算极低。

2. 相对水平

以人均4625万元的董事酬劳来说，张忠谋认为独立董事一年花16天来台湾开会，以日薪来说，已符合世界级公司水平。

表2-25　2011—2016年台积电董事酬劳与员工分红　　单位：亿元

项目	2011年	2012年	2013年	2014年	2015年	2016年
1. 董事酬劳	0.511	0.623	0.714	1.040	4.070	3.700
占净利/%	0.038	0.038	0.038	0.040	0.130	0.100
2. 员工红利	109.0	88.9	111.0	126.0	176.0	224.2
占净利/%	8.120	5.749	5.300	4.770	5.740	6.709
3. 净利	1342	1662	1881	2639	3066	3342

表 2-26 2016 年台湾董事平均酬劳前十名公司

公司	董监酬劳/亿元	平均每位董监酬劳/万元	董监酬劳占净利比率/%
台积电	3.7	4,625.0	0.1
中信金	1.9	5,082.1	1.6
大立光	2.3	2,819.0	1.0
正新	2.2	2,525.9	1.7
统一	2.6	2,297.8	2.0
富邦金	0.5	2,148.6	0.5
台新金	1.0	2,145.2	1.6
宝成	1.2	1,782.4	1.1
和泰车	2.5	1,716.1	2.7
日月光	1.5	1,486.9	0.7

注：不含存托凭证。

资料来源：证交所。

表 2-27 2016 年台湾员工红利前十名公司

公司	员工红利/亿元	占净利比重/%	平均一个员工现金红利/万元
台积电	224.18	6.7	106.0
鸿海	104.97	7.0	140.0
大立光	40.90	18.0	—
台达电	26.30	14.0	—
日月光	21.50	9.9	3.2
可成	19.00	8.6	—
和硕	17.30	8.9	—
中华电	17.00	4.2	—
广达	14.20	9.4	—
华硕	13.60	7.1	—

资料来源：证交所、CMomey。

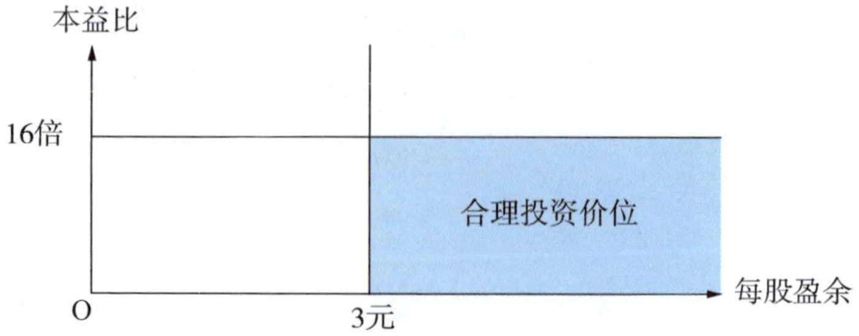

图 2-2　每股合理投资价位

表 2-28　权益报酬率与每股盈余的优缺点

优缺点	权益报酬率	每股盈余
优点	公司是靠权益（资本额只是其中一部分）来赚取盈余	P_s = EPS × PER 股价 = 每股盈余 × 本益比 已知右式两项便可计算出投资价位，以买卖股票
缺点	只提到“性价比”中的“性”，但没提到“价”	同左

知识维生素

张忠谋眼中的两只“大猩猩”

时间：2014 年 10 月 25 日

地点：中国台湾新竹市，台积电运动会

人物：张忠谋

事件：“夜鹰计划”让台积电在 16 纳米和 10 纳米的竞争中超越行业里的“两只大猩猩”，即三星 LSI 与英特尔。

台积电研发部有 5,000 多人，大部分延续摩尔定律的方向，希望做得越快越好，小部分则在物联网开发领域。

（整理自《经济日报》，2014 年 10 月 26 日，A3 版）

第 7 章
研发费用——研发部的投入面

7－1　为什么本书考虑研发、营销费用
7－2　研发费用
7－3　研发密度与研发杠杆倍数
7－4　台积电研发部组织设计
7－5　台积电的研发费用
7－6　台积电的研发密度与研发杠杆倍数

7－1 为什么本书考虑研发、营销费用

损益表中有两个科目（研发、营销费用）不纳入财务比率分析。

在进入本文之前，先看图2－4，暂时不要管横轴营销密度、纵轴研发密度的定义；先看这横轴三格、纵轴三格所划出的“九宫格”，你看得出哪一区块最大，哪一区块最小吗？

你可能会说：“左下方那块最大，可能占上市上柜（简称‘上市’）公司家数的85%。”也可能会说：“右上角下面那两块最小，可能占上市公司家数的0.2%；另外是左上角那块，占上市公司家数的1%。”

一、横轴：营销密度

密度这个概念在损益表中的运用如下：营销密度是指营销费用率，即营销费用除以营收，其余类推。

（1）营销密度的分类：以营销密度4%、2%来区分营销密度的中和低。

（2）打广告是大品牌公司的事：营销费用多数花在打广告上，以电视广告有效长度45秒以上来说，打一档广告至少花费400万元。

台湾高广告费用的行业依序为日用品、建设公司（含代销公司）、汽车、金融业，占上市公司的1%。

（3）谁在打广告：以上市公司来说，电子股占总市值（31万亿元）的60%，其中品牌公司屈指可数（华硕、宏碁、宏达电）。台湾电子业多数是零组件、组装，品牌占比极低。

由于上市公司大都不是品牌公司，营销费用比率低，因此证交所对上市公司要求的财务比率分析不会把营销费用纳入其中。

二、纵轴：研发密度

（1）研发密度高的公司：主要为面板双雄（友达、群创）、设计代工公司（广达、纬创、鸿海）、半导体（IC设计、制造）等。

（2）研发是大公司的事：研发需高阶设备、博士级别人才，需达到一定金额才有财力负担。

三、营销密度、研发密度双高的公司

图2－3右上角是营销密度、研发密度皆高的公司，简单地说，以高科技品牌公司为主，这在台湾是屈指可数的，主要是华硕、宏达电等。

四、为什么本书考虑营销密度、研发密度

基于充分使用数据以开发信息的角度，对许多行业、公司来说，营销密度、研发密度是其厚植核心能力、强化竞争优势的条件。

因此本书以第7、第8两章说明研发、资本支出及营销费用在财报分析中的运用。

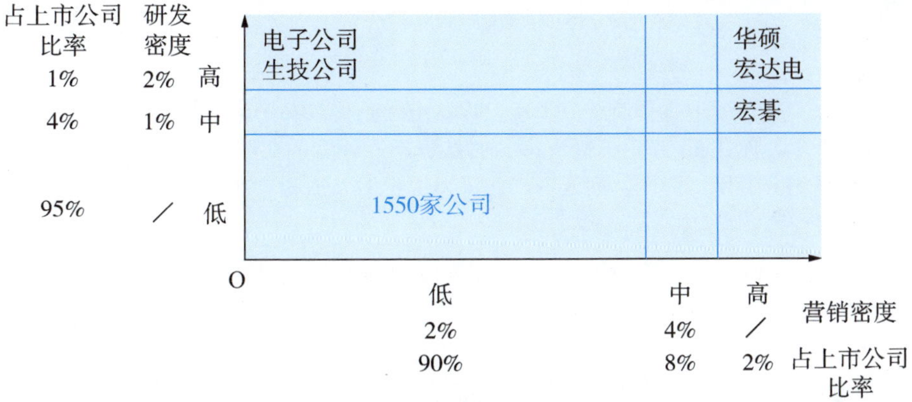

图2－3 研发密度、营销密度

表2－29 研发费用率、营销费用率相关名词

营业费用项目	会计用词	科技管理类用词
1. 研发	研发费用（比）率	研发密度
2. 营销	营销费用（比）率	营销密度

知识维生素

2015年台积电研发支出全台第一

制造业上市上柜公司研发支出持续成长，2011年是4,327亿元，2014年突破5,000亿元，2015年研发支出（5,775亿元）占营收（23兆元）的比率达2.5%，创历年新高，显示制造业持续厚植研发根基，提升核心能力。电子零组件业研发经费为2,829亿元，研发密度为5.7%，为制造业各行业最高，且连续5年向上攀升。其次为电子产品及光学制品业，研发经费为1,965亿元，研发密度为1.9%。

2015年制造业研发支出前五大公司依序为台积电、鸿海、联发科、和硕及台达电，合计1,967亿元，占制造业研发支出比率为34.1%，比2009年增加了8.2%，但这5家公司的合计金额低于中国大陆的网络通信公司华为（2,975亿元）。2015年台积电研发支出655亿元，是2009年的3倍以上。

7－2 研发费用

在大一会计学中有个简单分类法，你花 100 元买双袜子，那是费用，虽然袜子可以穿 4 年。你花 50 万元买辆汽车，那是资产。针对购买耐用品，还要符合重大原则，以划分费用、资产，列入资产便可摊提折旧（或称“摊销”）费用。

一、研究与发展是两件事

由表 2－30 可见，管理机构、公司都知道研究跟发展是两回事，因此在组织设计等方面皆有不同。

表 2－30　研究与发展的差别

组织层级	研究	发展
管理机构	“科技部” “中央研究院物理研究所” 等	“经济部技术处” “工业技术研究院” 金属中心等 20 个行业中心
公司	研究部	发展部或技术部

1. 研究

研究是针对材料等物理、化学特性等深入探索，有时看似“不食人间烟火”，但只要有技术突破，往往容易推出“杀手级产品”。

2. 发展

发展是把技术商品化的阶段，最直接的例子如 2015 年 9 月苹果公司推出 iPhone 6s，iPhone 6s 比 2014 年的 iPhone 6 多了些功能。

在台湾，有个说法叫“小 R 大 D”，以研发费用 10 亿元为例，发展费用占一半以上。

二、研究与发展费用

会计（包括税法）上对研究与发展费用的认列（即会计确认）有严格区分，主要是组织设计（即公司部门、地点）、人员职称（例如研发人员、非研发人员）。

1. 研究费用

由表 2－31 可见，公司做研究的支出部分往往列为研究费用，研究员看似不事生产。有些公司想减少烧钱，首先就是减少研发人员的人数以减少研究费用。

表 2-31　研发费用的会计处理

项目	研究	发展
1. 性质	公司花钱研究制程、产品技术，离运用还有一大段，对营收的贡献不明确	发展是指把技术商品化的过程，对营收或降低营业成本的贡献明确，商品上市可带来营收，所以发展支出可视为资产
2. 举例	9.9 亿元	0.1 亿元
3. 会计处理	列在当年损益表上以研发费用出账	列在资产负债表上的无形资产如同机器一样，依经济寿命摊提费用，逐年列在损益表上的研发费用中

2. 发展费用

发展费用中只有一部分可以列为资产，详见下文。

三、费用资产化

费用资产化（俗称“资本化”，但本质是化为资产）是个矛盾名词，比较像“最丑的美男子”，那么，究竟是丑还是美呢？什么费用可以被当成资产呢？

利息费用资产化：你 100% 贷款 700 万元买房子，20 年利息费用为 350 万元，买房成本为 1,050 万元，把 20 年的利息支出也算在买房成本中，是最常见的利息费用资产化的例子。

知识维生素

发展费用资产化小档案

一家公司花 10 亿元用于研究与发展，其中约 5% 可作为发展费用，可以资产化成为无形资产，称为“发展费用资产化”。

至于发展费用的范围很窄，是指公司申请专利、维护专利的费用极少，例如 0.1 亿元。因此，外界人士从财报上可看到某年（例如 2016 年）公司花了 10 亿元研发费用，无形资产增加 0.1 亿元。此时要注意这新增专利的贡献（对营收、盈余），不能以专利费用支出 0.1 亿元来看它的价值。

7-3 研发密度与研发杠杆倍数

想判断一个国家、一家公司的研发费用是高是低，有两种标准：金额与相对水平（此处指研发密度）。

想分析一家公司研发费用可支撑多少营收，也有两个标准：增量与营收。由于外界人士拿不到公司的内部数据，因此只能用营收来计算，即研发杠杆倍数。由表2-32可见，研发密度、研发杠杆倍数的公式恰巧成倒数，日常用词中有类似情况，例如蜂蜜与蜜蜂、本益比与益本比。

表2-32 研发密度与研发杠杆倍数

项目	研发密度	研发杠杆倍数
（1）研发费用	/	/
（2）营收	/	/
（3）公式	（1）÷（2）$=\frac{研发费用}{营收}$ 本质是研发费用率	（2）÷（1）$=\frac{营收}{研发费用}$
（4）类似观念	营销费用率$=\frac{营销费用}{营收}$	/

一、研发密度

在科技管理研究所、企业管理系“科技管理”课程中，以研发密度（R&D intensity）一词来衡量国家、公司研发费用的相对高低。由表2-32第二列可见研发密度是指研发费用率。

1. 国家层级：3%是分水岭

一国的研发费用除以国内生产产值（即GDP）称为一国的研发密度，以3%为分水岭，美国、日本皆在此之上。

2. 产业层级：3%及1%是分水岭

一般以研发密度3%及1%为分类标准，把产业分为高科技（主要是电子、生技）行业、中科技（主要是汽车、制药）行业、低科技行业。

3. 传统产业中有高科技公司

上市类股粗略分为电子、金融与传统产业类股，但传统产业类中的机能性布料供应链可以说是高科技的典型，研发密度超过3%，一般人看到的是设计代工公司聚阳（休闲服装代工）、儒鸿（运动服装代工），其实，布料、纱料公司也是卧虎藏龙。

二、研发杠杆倍数

由表2-32第三列可见研发杠杆倍数（R&D leverage）的公式，使用杠杆倍数的原因如下：

1. 周转率往往以资产面的资产当分母

由财报比率的公式可见，第三类经营能力中的5个周转率皆是以资产当分母。

2. 杠杆倍数以损益表科目为分母

由财报比率的公式可见，第六类杠杆程度中的2个指标皆以损益表科目当分母，研发费用在损益表内，所以称为“研发杠杆倍数”。

3. 研发费用能撑起多少营收

在成本会计情况下，公司内部可以把当年研发费用分摊到各事业部、产品部，可以“课责”，比较精准地区分对旧产品（包括产品改良）、新产品营收的贡献。外界人士只能看到加总的数字（研发费用、营收），只能依此来计算研发杠杆倍数。不过基于简化考虑，本书不拟取财务杠杆倍数的公式。

知识维生素

全球专利实力评鉴

成立：2007 年

机构：国际电机电子工程协会（IEEE）旗下 *IEEE Spectrum* 杂志

地址：美国纽约州纽约市，该会于1967年成立

评鉴：在全球选出6,000多个致力于专利开发的企业、研究单位等，依属性分为17个类组进行评鉴与排名。评鉴指标涵盖下列4个方面：

1. 专利数量与数量成长幅度。
2. 专利原创性（专利是否源自多重技术范畴）。
3. 专利广泛性（专利被跨领域引用程度）。
4. 专利影响力（与先前专利的延续性）。

以衡量各公司的专利组合在相关行业的影响力，鼓励各领域的专利创新。

7-4 台积电研发部组织设计

联发科技号称研发密度达 19.33%，公司有 1/3 的员工都在做研发，这本来就很自然。芯片设计公司本质是研发公司，这就跟许多生技制药公司一样，只研究药品，在取得食药署认证后，去卖专利或委外生产。

台积电研发密度达 8%，在 2016 年 4.7 万名员工中，号称有 12.4% 即 5,800 多名员工属于研发人员（见表 2-34）。

一、总经理直辖研发部

在企业管理系的“策略管理”课程中有一章讨论策略控制，这是针对未来 3 年以上的核心能力管理学科。

以台积电来说，是指在技术蓝图上，未来三五年跟竞争者的比较。

1. 跟一线公司（对手）比较

由单元 8-4 可见，台积电的技术目标是在 2017 年跟英特尔并驾齐驱，在 7 纳米节点量产，之前的努力是拉进落后距离。

2. 领先二线公司（竞争者）

2015 年 11 月 25 日，张忠谋表示，台积电的技术能力领先于陆资公司（注：主要指中芯国际）5 年。

二、研发长管研发部

以台积电来说，研究与发展分家为研发部和技术部，研发部由资深副总带头（见表 2-34）。而富士通的研究所偏重研究，各子公司（事业部）则偏重发展。

1. 研发偏重微影技术

这是把芯片由大转到微缩投影的过程，例如 2017 年的重心在于 10 纳米、7 纳米节点。从 2015 年开始，微影技术由浸润式制程转入极紫外光（EUV）制程，很大部分必须跟荷兰艾司摩尔（ASML）紧密合作。

2. 研发偏重制程中较难的部分

其中的焦点在于鳍式场效应晶体管（FinFET），俗称“立体（3D）芯片”，其目的在于节电，例如 2015 年 9 月 iPhone 6s 中使用台积电代工的 A9 芯片，苹果公司宣称比三星电子代工芯片节电 2%。

三、技术长管技术部

技术部的主管是技术长，副总级，下辖数个处，处主管为资深协理级。

1. 技术部大抵会跟顾客接触

台积电的技术部主要是推出开放创新平台（OIP），提供顾客完备的硅智财组件数据库，提升顾客产品设计的成功率，并加快产品上市的脚步。另外，报刊常会刊出台积电跟高通、辉达等 16 纳米某类制程芯片的量产。

2. 跟其他公司合作

张忠谋称其为“大联盟”，主要包括与设备公司、原料公司（例如晶圆公司）和顾客等合作。

表 2-33　台积电研发部的组织结构与副总级主管

项目	研究		发展	
部门	研究平台，部下辖数个处	设计平台，特殊技术	技术发展处	产品发展
主管	罗唯仁	王英郎	孙元成	
	侯永清	米玉杰		秦永沛

资料来源：整理自年报，但只做陈述，本书无法归类。

表 2-34　2012—2016 年台积电研发金额与人数

投入	2012 年	2013 年	2014 年	2015 年	2016 年
研发费用/亿元	454	481	568	655	712
研究人员数/人	3, 901	4, 367	4, 766	5, 123	5, 828

资料来源：台积电。

7－5 台积电的研发费用

台积电研发费用主要花在表 2－35 中的 3 个部分上，本单元说明之。

表 2－35　台积电的研发费用去向

<table>
<tr><th>项目</th><th>微影制程</th><th>制程</th><th>封装</th></tr>
<tr><td rowspan="2">说明</td><td rowspan="2">纳米节点
0.13 微米　90 纳米　40 纳米　28 纳米</td><td>一、芯片种类
1. 功能性芯片
• 手机芯片，例如射频（RF）
• 嵌入式快闪内存
2. 整合影像传感器
3. 微机电组件单芯片</td><td>系统组封装</td></tr>
<tr><td>二、以低耗电为例
超低耗电制程（ULP）
例如 2014 年的 2.3 维芯片（3DIC）CoWoS
偏重物联网和穿戴式装置</td><td>整合型扇形封装</td></tr>
</table>

一、2000 年自主研发

台积电的经营有两个重要的突破点，成就了今日在晶圆代工市场的龙头地位，其中之一是自主研发。台积电成立初期主要是向国外半导体公司取得技术授权。

2000 年，台积电婉拒 IBM 共同合作开发 0.13 微米铜制程，由研发副总蒋尚义带领研发部自主研发，打下了台积电拥有自主技术研发能力的基础。

台积电副董事长曾繁城拟订了群山计划，0.13 微米铜制程进入量产，争取到整合组件公司（IDM）委外代工订单，也扭转了全球半导体业界对台积电只是个代工厂的刻板印象。

台积电在 2016 年营收及获利方面均创历史新高，2016 年资本支出 100 亿美元，在 16 纳米技术方面要快速追上对手三星电子，投注了更多研发费用在 10 纳米及 7 纳米制程的研发上，要在技术研发上追上甚至超越英特尔。

1. 全球

2016 年全球半导体公司研发费用达 565 亿美元，成长率为 1%；研发密度为 7.5%，有 6 家公司研发密度在 20% 以上。

2. 英特尔 21.8%

根据产业研究机构 IC Insights 统计，半导体龙头英特尔研发费用为 127.4 亿美元，研发密度为 22.4%，两项数字在全球半导体公司中居冠。

3. 台积电金额排第六

台积电研发费用为 22.15 亿美元，研发密度为 7.5%。

二、研究：轻薄短小

1. 一个陌生名词：系统单芯片（SoC）

以一部智能型手机来说，为了做到轻薄短小，在芯片公司端的做法是把多个功能芯片整合在系统芯片上，因此，2014 年美国高通、中国台湾联发科从射频芯片（RF）公司出发，收购其他功能芯片设计公司。

2. 系统单芯片对晶圆代工公司技术是项挑战

环环相扣的系统芯片使晶圆代工公司必须投入更多的研发费用，以突破制程中可能会出现的各种障碍。

三、发展：产品运用

在产品端运用分成两个方面：

（1）产品端（芯片）：在设计代工方面，台积电要能帮顾客设计、生产出其可接受的芯片，尤其是物联网和穿戴式装置。

（2）芯片功能：3C 产品要做到轻薄短小，有部分涉及产品续航力，有两种做法，一是芯片低耗电（一个从芯片设计公司设计时着手，另一个从晶圆代工公司低耗电制程着手），二是提高单一体积的电池蓄电能力。前者详见表 2－35 第三栏。

知识维生素

美国英特尔公司小档案

Intel 的来源：取“整合”“电子”的英文单词“Integrated”“Electronics”前几个字号
成立：1968 年 7 月
地址：美国加利福尼亚州圣克拉拉县
资本额：253.73 亿美元
董事长：安迪·布莱恩特
总裁：布莱恩·科尔奇
营收（2016 年）：594 亿美元
盈余（2016 年）：103 亿美元
主要产品：计算机、手机中央处理器、内存（从闪存到硬盘）、其他芯片（例如物联网）
主要顾客：3C 产品公司
员工数：10 万人（2017 年，51% 在美国）

知识维生素

三维芯片（3D IC）小档案

因应电子产品小型化、高度整合、高效率、低成本、低功耗等需求，半导体公司把各种功能芯片堆叠起来，进行单一封装，三维芯片把更多的功能融入一个狭小的空间里，使新一代的装置体积更小、功能更强大。这项技术也面临一些挑战，例如由于每一个额外的制造步骤都将增加风险，三维芯片的系统封装与测试尚未达到预期的效果。另外，因堆叠多层芯片，跟平面设计相比，散热面积减少许多，故而散热效果不佳，容易温度偏高。

7-6 台积电的研发密度与研发杠杆倍数

台积电是台湾地区的专利王，2016 年研发费用 712 亿元，高于鸿海的 563 亿元。本单元说明台积电的研发密度和研发杠杆倍数。

一、趋势分析

台积电研发费用平均成长率为 17%，比营收成长率 20% 低，由此来看，研发密度的趋势会比较抓得住大趋势。

1. 研发密度为 7.51%

由表 2-36 可见，2016 年台积电研发密度为 7.51%，即营收 100 元，花 7.51 元进行研发。以 3% 的一般标准来说，台积电的研发密度算高的。

2014 年研发密度下滑为 7.45%，原因之一可能是一部分工作在 2013 年冲刺时已完成（研发密度为 8.06%），尤其是偏重物联网和穿戴式装置。

2. 研发金额

以 2016 年研发金额 712 亿元来说，约比 95% 的上市公司营收要高，研发人员达到 5,700 人也比许多上市公司的人员多。

3. 研发杠杆倍数 13.31 倍

8% 的倒数是 12.5，台积电研发杠杆倍数 2016 年为 13.31 倍，每股盈余 10.89 元，创历史新高。

表 2-36 2011—2016 年台积电与联电的研发密度与研发杠杆倍数

项目		2011 年	2012 年	2013 年	2014 年	2015 年	2016 年
一、台积电	（1）研发费用/亿元	338	404	481	568	655	712
	（2）营收/亿元	4,270	5,067	5,970	7,628	8,434	9,479
	（3）研发密度/% =（1）÷（2）	7.92	7.97	8.06	7.45	7.77	7.51
	（4）研发杠杆倍数/倍 =（2）÷（1）	12.63	12.54	12.41	13.43	12.87	13.31
二、联电	（1）研发费用/亿元	93.95	97.87	124.93	136.64	121.74	144.20
	（2）营收/亿元	1,400	1,238	1,157	1,400	1,448	1,479
	（3）研发密度/% =（1）÷（2）	6.71	7.91	10.80	9.76	8.41	9.75
	（4）研发杠杆倍数/倍 =（2）÷（1）	14.90	12.65	9.26	10.25	11.89	10.26

二、2016 年情况

2016 年全球半导体业成长率为 3.11%，台积电营收成长率为 12.38%，研发费用相关数字如下：

1. 研发密度为 7.51%

比 2015 年降低了 0.26%。

2. 研发杠杆倍数为 13.31 倍

砸 1 元做研发，可支撑 13.31 元营收。

三、台积电与联电比较

从 2013 年起，台积电在研发密度方面略逊于联电，有些令人跌破眼镜，主因是联电想拉近跟台积电的技术距离。

1. 研发密度，联电比台积电高

由于 28 纳米（以下）制程研发费用太高，台积电从 2012 年起便砸钱领先联电约 2 年。

2012 年，联电加入 IBM 的研发联盟，IBM 技术支持 14 纳米、FinFET 制程，联电挟外援以自重，从 2013 年起大幅提高研发费用，达 124.93 亿元，跳过 20 纳米制程，直攻 14 纳米制程。

2. 研发杠杆倍数

2013 年之后的联电研发杠杆倍数平均略低于台积电。

知识维生素

技术优势带来股价超棒表现

时间：2016 年 4 月 13 日

人物：野村证券半导体分析师郑明宗

现象：2015 年 10 月至 2016 年 3 月，股价上涨率比指数高 16%

原因：①库存需求；②市场开始认同技术竞争优势，可望由 14/16 纳米转为 10/7 纳米。台积电很有可能通过 7 纳米制程，把采用三星电子 14 纳米制程的四大顾客订单全数拿下。

结果：合理股价由 159 元调升至 177 元。

（整理自《工商时报》，2016 年 4 月 14 日，A2 版）

表 2－37　2016 年全球半导体业研发费用排名前 12 大公司

排名	国家（地区）/公司	研发费用/亿美元	研发密度/%
1	美国/英特尔	127.40	22.4
2	美国/高通	51.09	33.1
3	美国/博通	31.88	20.5
4	韩国/三星电子	28.81	6.5
5	日本/东芝	27.77	27.6
6	中国台湾地区/台积电	22.15	7.5
7	中国台湾地区/联发科	17.30	20.2
8	美国/美光	16.81	11.1
9	荷兰/恩智浦	15.60	16.4
10	韩国/海力士	15.14	10.2
11	美国/辉达	14.63	22.0
12	美国/德州仪器	13.70	11.0

资料来源：IC　Insights。

知识维生素

联电自认研发密度大赢台积电

2000 年 10 月 27 日，联电发新闻稿，以 1996—2000 年的研发费用率为例，证明其研发密度超过台积电。其研发费用的定义如下：

（1）支付技术权利金：列入损益表中的制造费用。

（2）研发部支出。

第8章
制造部、业务部的绩效衡量

8－1　制造部负责的绩效
8－2　资本支出
8－3　资本支出的形式
8－4　台积电的资本支出Ⅰ
8－5　台积电的资本支出Ⅱ——从2016年起
8－6　资本支出周转率
8－7　台积电的资本支出周转率
8－8　营销费用
8－9　营销密度
8－10　台积电与联电营销费用比较

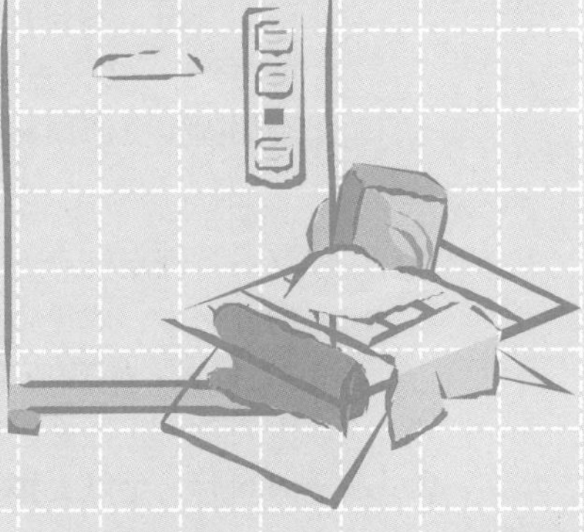

8－1 制造部负责的绩效

在三级产业中，二级产业粗分为劳力密集、资本密集（详见单元2－4），其中资本密集型行业的本质是固定资产密集，这表现在流量、存量两方面。

1. 流量

指在损益表营业成本中的制造费用内的折旧费用。现金流量表中投资活动现金流出的大项是购置两类营业用资产。

（1）固定资产。

（2）无形资产：如图2－4所示，每年资本流出是“活水”。

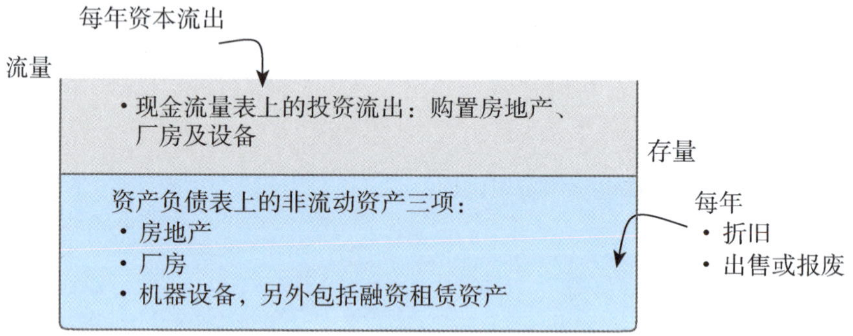

图2－4 无形资产

2. 存量

指资产负债表中资产面的非流动资产内的房地产、厂房及设备（简称“固定资产”）。这是净额，净额的减少主要是折旧，少数情况是报废、出售。

一、流量类固定资产的财报比率

由表2－38可见，流量类固定资产（即资本支出）出现在财报比率的分母中，依投入、产出分成两小类：

1. 投入：净营业现金允当比率

由公式可见，这是指最近5年净营业现金流量够不够支撑实体投资（存资增加额、资本支出）与付现金股利给股东。

2. 产出：资本支出周转率

套用固定资产周转率的观念，本书推出流量模拟率，即资本支出周转率。

二、存量类固定资产的财报比率

存量类固定资产有两种衡量方式：固定资产毛额、固定资产净额，出现在财务比率的分母中，依投入、产出分成两小类：

1. 投入：净营业现金再投资比率

由表2－38可见，净营业现金再投资比率指公司本业的净现金流入支付给股东现金股利后，足以支撑多少资产负债表的资产面：净流动资产、其他非流动资产

（以固定资产毛额取代固定资产）。

2. 产出：固定资产周转率

跟应收账款周转率观念一样，指一年的平均固定资产能撑得起多少营收。

表 2－38　资本支出与固定资产的投入与产出关系

因果关系	投入	产出
一、流量	五类现金流量之二 净营业现金流量允当比率 $=\frac{\text{净营业现金流量}}{\text{存货增加额}+\text{资本支出}+\text{现金股利}}$ 详见单元 16－6	现金流量表中投资现金流出 资本支出周转率 $=\frac{\text{营收}}{\text{资本支出}}$ 详见单元 8－7
二、存量	净营业现金再投资比率 $=\frac{\text{净营业现金流量}-\text{现金股利}}{\text{净流动资产}+\text{长期投资}+\text{固定资产毛额}+\text{其他非流动资产}}$ 详见单元 16－8	五类经营能力之六 固定资产周转率 $=\frac{\text{营收}}{\text{平均固定资产}}$ 详见单元 14－5

知识维生素

全球半导体市场产值与区域分布

时间：2017 年 2 月 2 日

地点：中国大陆

人物：内地媒体“壹读”

2014—2016 年全球各区域半导体市占率（%）

年份	亚太	中国大陆	日本	北美	欧洲
2014	30.6	27.3	10.4	20.6	11.2
2015	30.6	29.4	9.3	20.5	10.2
2016	30.6	29.4	9.2	20.8	10.1

上述亚太不包括中国大陆、日本，主要指韩国和中国台湾地区。

北美有许多计算机与手机品牌，芯片设计市场已由英特尔、高通、超微与辉达等抢占，中国台湾公司介入机会少。

日本在内存领域有东芝、尔必达（2013 年 7 月 31 日与美国美光合并）卡位，影像感测领域有索尼独占鳌头。

欧洲为国际汽车业重镇，车用芯片比重高，该领域由整合组件公司意法半导体公司等掌握。

8－2 资本支出

许多公司每年砸大价钱买土地盖厂、买机器进行研发，这些统称为“资本支出”，又称为“资本投资”。在资产负债表中，包括两个会计科目：

（1）固定资产：会计科目为房地产、厂房及设备，由制造部负责。

（2）无形资产：由研发部负责。

一、大一经济学的定义

2017年企业的实体投资为3.717兆元（注：总产值为17.75兆元×0.2094），分为两大类：

（1）存货增加额：针对存货增加的金额，可视为“守得云开见月明”的投资。

（2）固定资产形成毛额：包括两中类、五小类，金额越高显示公司越看好市场前景，预备承接更多订单，是衡量半导体公司是否景气的重要指标。

①固定资产，包括三项：营建工程、机器和设备、运输工具。

②无形资产，包括两项：专利费用资产化、技术移入，详见单元8－3。

二、会计学角度

会计学中对资本支出的定义多聚焦在非流动资产的第三、第四项，以台积电2016年为例。

1. 第一项：固定资产

房地产、厂房及设备。

（1）存量：占资产的53%。

（2）增量：占资产的7.65%，约1,443亿元。

2. 第四项：无形资产

存量：占资产的1%。

三、财务管理角度

财务管理书中把投资分成两类：

1. 经常性投资

经常性投资至少分成两种说法：

（1）财务管理学者的说法之一：存货等。

（2）会计学者对财报比率的定义：净流动资产，俗称“营运资金”。

2. 资本投资

狭义：指表2－39中的固定资产、无形资产，但是房地产重估增值的部分不算。

表 2－39　资本支出的三个角度

经济学投资结构角度	资产负债表资产面角度	财务管理角度
一、存货增加额 1.7%	一、流动资产 存货 增加额－183 亿元	一、经常性投资 1. 财务管理的定义 2. 财报比率的定义 净流动资产＝流动资产－流动负债 详见单元 16－8
二、固定资本形成毛额 1. 营建工程 15.36% 2. 机器和设备 41.2% 3. 运输工具 5.77% 4. 无形资产 7.25%	二、非流动资产 1. 金融资产 264 亿元 2. 转投资 197 亿元 （上述两项为金额） 3. 房地产、厂房及设备 55 亿元 4. 无形资产 1 亿元 （上述两项为增加额）	二、资本投资 左 1、2 合称为“长期投资” 左 3、4 合称为“资本支出” 2016 年增加 1449 亿元

广义：包括长期投资中的股权收购等。

知识维生素

晶圆厂的投资金额

时间：2013 年 1 月 15 日

地点：美国、中国台湾地区

人物：IC Insights 等市调机构

事件：半导体制程投资金额越来越大，兴建一座月产能 3 万片的 32/28 纳米晶圆生产线需花费 50 亿美元，制程研发费用约 10 亿美元。

制程微缩到 22/20 纳米生产线，晶圆厂投资金额 70 亿美元，制程研发费用 13 亿～15 亿美元。

（整理自《经济日报》，2013 年 1 月 15 日，A2 版）

8－3 资本支出的形式

资本支出中“资本”的本意是指可列于资产负债表上的资产面，即可提供公司一年以上的服务，因此，固定资产每年可摊提折旧费用、无形资产每年可分摊费用，具体说明如下。

一、固定资产

由表2－40可知，固定资产的资本支出主要有两种形式：

1. 内部成长

针对自己厂房内机台的产能去扩充，有下列方式：

（1）旧机器改良：砸大钱更新工厂的发动机、数字控制器（CNC），以延长设备寿命（俗称“延寿”）、提升机器性能，“复旧如新”。

（2）买新机台是常见的资本支出方式，买二手机台也算。

2. 外部成长

收购其他公司固定资产（在台积电是指买晶圆厂的固定资产），或合并同业，都会快速增加产能。

表2－40 资本支出的明细

科目	本公司		收购其他公司
	原机器	买新的	
一、固定资产	1. 机器延寿：更新	更换	1. 资产、股权收购
	2. 厂房拉皮		2. 合并
二、无形资产	（省略）	（省略）	技术移入
台积电用词	买产能		买技术

二、无形资产

购置无形资产的范围很窄，自主研发时的研究发展费用已于损益表中出账。

1. 技术移入

台积电直接称为“买技术”，指付出权利金以取得外部公司的技术，即技术移入。

2. 其他无形资产

包括品牌、营业秘密、连锁经营权等无形资产。

小博士的话

英特尔在芯片方面的事业组合

时间：2017 年

地点：美国加利福尼亚州旧金山市

事件：英特尔在芯片方面的事业组合如下

落水狗阶段：个人计算机中央处理器

摇钱树阶段：服务器、云端数据中心芯片，全球市场占有率第一

明日之星阶段：人工智能、物联网芯片

问题儿童阶段：自动驾驶汽车相关芯片

荷兰艾司摩尔（ASML）公司小档案

成立：1984 年，从飞利浦公司分割出来

地址：荷兰恩荷芬市

资本金额：41.5 亿欧元，市值 540 亿欧元（2017 年股价约为 130 欧元），荷兰第三大公司（第一是皇家壳牌石油、第二是联合利华），股票在荷兰与美国纳斯达克上市

董事长：Arthur van der Poel

总经理：韦尼克（2013 年上任）

营收（2016 年）：71.67 亿欧元

盈余（2016 年）：15.52 亿欧元

主要产品：半导体设备中的微影设备（光刻机），全球市场占有率为 92%，在中国台湾地区的分公司位于桃园市龟山区，员工有 700 人，资本金额为 18.8 亿元

主要客户：英特尔、三星电子、台积电等

员工人数：140,000 人（16 个国家、70 个营业据点）

知识维生素

极紫外光（EUV）微影制程技术

极紫外光（EUV）微影制程曝光设备是利用波长极短的紫外线，在硅基板上刻出 10 纳米的电路图案。

EUV 售价高，一台约 9,000 万欧元（约 32 亿元），主力设备开发公司艾司摩尔为降低开发风险，2012 年曾要求英特尔、三星电子及台积电入股 8 亿欧元，共同参与这项先进微影制程技术的开发。2016 年 4 月 20 日，艾司摩尔宣布极紫外光机台连续 4 周妥善率为 80% 以上。

浸润式曝光：机台是根据在光源与晶圆中间加入水的原理，使波长缩短到 132 纳米的。以 28 纳米为例，曝光次数为 4 次（132 除以 4），但 20 纳米需 8 次，10 纳米需 11 次，7 纳米需 33 次，采用多次曝光方式以进行缩影。

8－4 台积电的资本支出Ⅰ

在每季的台积电法人说明会上，资本支出都是重点，由表2－41可见，以美元计价，85%的支出都是向国外公司采购设备。

本单元说明影响台积电的资本支出中买产能的两个因素。

表2－41 2012—2017年台积电的资本支出

年份		2012年	2013年	2014年	2015年	2016年	2017年
（1）购置固定资产/亿元		2,461.4	2，876.0	2,885.0	2,575.0	3,280.0	3,180.5
（2）购置无形资产/亿元		17.8	27.5	38.6	42.8	42.4	43.0
（3）资本支出/亿元＝（1）＋（2）		2,479.2	2903.2	2,923.6	2,617.8	3,322.4	3,223.5
美元计价/亿美元		83.2	96.9	95.2	81.2	110.0	102.0
（4）产能利用率/%		91	91	97	93	92	95
（5）技术水准		/	/	/	/	/	/
制程节点	纳米	28	28/20	16/14	14/10	10/7	/
	落后英特尔/年	2	1.3	0.5	0	/	/
制程		• 高效能行动运算制程（HPM） • 高效能低耗电（HPL） • 高效能（HP） • 低耗电（LP）	/	• 系统单晶片（SoC） • 鳍式场效应电晶体（FinFET），俗称“3DIC MPSoC”	• 16纳米FFPlus • 超低功耗（UCP）	• 2017年以10纳米制程生产A11晶片	• 2019年5纳米、2020年4纳米投产
28纳米以下制程占营收比率/%		12	30	42	48	55	60

一、影响资本支出因素一：产能

2006—2007年，台积电每年资本支出约24亿美元，从2010年起爆发式成长，以扩大产能，准备抢食智能型手机芯片商机。

从2010年起，资本支出一下子拉高到59亿美元。

1. 针对28纳米制程，超越三星半导体

三星半导体看好行动装置带来的应用处理器需求，2012年资本支出为73亿美

元，成长率为75%。三星半导体月产能为3万～4万片，不仅满足了苹果公司所需，也满足了三星半导体大幅扩充资本支出的主要需求。

台积电对扩产的决策准则大抵是“不见兔子不放鹰”，宁可过度使用机台，甚至产能不足以致拒收二线客户订单。2010年，外资分析师普遍对台积电的高资本支出持怀疑的态度，认为其可能导致市场产能严重供给过剩。

2. 抢得苹果公司A7芯片

台积电因应28纳米制程，2011年资本支出为72.9亿美元。

二、影响资本支出因素二：制程技术

1. 2010—2012年，从40纳米到28纳米

2010—2012年，台积电主流（占营收第一）制程节点（外界称为“世代”）65纳米，其制程设备比40纳米贵40%。2012年台积电28纳米制程领先全球同业量产投片，2013年通吃全球90%以上订单。

2. 2013年起控制资本支出

由表2-42可见，从2013年起，台积电资本支出在原地踏步，原因如下：

（1）半导体代工市场成长有限，再加上英特尔、三星半导体抢单。

（2）技术已几近成熟：由表2-42可见，制程到10～20纳米，很少产品（主要是智能型手机）需要这么轻薄短小的芯片。

（3）金额：2014年购置固定资产为2,885.0亿元、2015年为2,575.0亿元，成长率为-10.75%。

（4）占资产比重：固定资产占资产比重2013年为63%、2014年为55%，少了8%，有5%跑到现金及约当现金科目中。

知识维生素

2012年台积电扩产

时间：2012年4月26日

地点：中国台湾台北市法说会

人物：张忠谋和何丽梅

事件：台积电28纳米产能缺口很大，财务长何丽梅使尽吃奶的力气扩产，使台积电28纳米制程产能供不应求。

张忠谋表示：“绝对100%满足客户所需。”通过大幅扩产，28纳米制程产能短缺的情况在年底获得缓解，在2013年上半年达到供需平衡。

（整理自《经济日报》，2012年4月27日，A2版）

8－5 台积电的资本支出Ⅱ——从 2016 年起

“策略管理”课程中“策略控制”的意思是指公司董事会针对未来 3 年以上影响竞争优势的去厚植核心能力。在这方面，张忠谋在 2015 年时已预知到 2019 年，下面是资本支出的盘算。

一、2015 年保守

台积电资本支出居半导体之冠，三星电子只计晶圆代工部分，即三星半导体，另外还有两个事业部，即内存、逻辑 IC。

金额超越英特尔

英特尔专攻个人计算机等中央处理器，因个人计算机业在 2013 年起被智能型手机蚕食，英特尔营收停滞，在资本支出上变得保守。台积电资本支出从 2013 年起逐渐超越英特尔。

2015 年 11 月中旬，英特尔已召开分析师大会，宣布 2016 年资本支出 100 亿美元，主要用在扩建 10 纳米制程产能上。业界评估，英特尔是为锁定台积电而设。

2015 年下半年，半导体生产链持续去化库存，台积电二度下修资本支出至 80 亿美元。台积电财务长何丽梅表示，由于台积电的投片及生产效率提升，加上投资计划上的改变及部分设备采购时间延后到 2016 年，所以才决定减少资本支出。

二、2016 年加油

为了对抗来自英特尔及三星半导体的竞争，台积电加快先进制程研发及量产时程，2016 年的投资计划锁定在 10 纳米及 7 纳米产能的建置方面。10 纳米制程设备有 90% 可以直接支持 7 纳米，以最少的投资建立最具有效益的产能，2016 年资本支出高于 2015 年。

三、2017 年技术赶上英特尔

英特尔认为摩尔定律仍然有效，10 纳米 Cannonlake 处理器在 2017 年进入量产阶段。

以台积电的建厂及技术研发速度来看，台积电在 2016 年底量产 10 纳米制程、2017 年底量产 7 纳米制程，2017 年试产跟英特尔并驾齐驱。

四、2019 年

2019 年量产的 7 纳米制程使台积电成为全球技术最先进、产能最庞大、研发能力最强的半导体公司，堪称世界第一半导体公司。2020 年量产 5 纳米制程。2017 年 6 月 20 日，英特尔宣布在 2020 年底量产 7 纳米制程。

在 10 纳米量产后的 1.5～2 年之后，将进入 7 纳米世代，英特尔、台积电首度采用极紫外光微影制程技术。

表 2-42　台积电在台湾的工厂 2016 年 12 英寸晶圆约当量 900 万片

项目	8 英寸晶圆厂	12 英寸晶圆厂	封测厂
数目	4 座	3 座	3 座
工厂代号	3、5、6、8	12、14、15	1、2
另有 6 英寸晶圆厂 1 座	上海市松江厂，月产 8 英寸晶圆 10 万片，0.18 微程制程	11 条生产线 （1）竹科 Fab 12 2015 年第 7 期工程 （2）中科 Fab 15 2015 年第 5、第 6 期工程 10 纳米制程 （3）南科 Fab 14 2014 年第 5、第 6 期工程 2015 年第 7 期工程 20 纳米制程 2016 年第 8 期工程 16 纳米制程	2014 年向美国高通收购桃园龙潭厂，2015 年进行高阶整合型扇形晶圆级封装（InFOWLP）装机作业，2016 年中导入量产，InFO WLP 月产能 10 万片规模，先在 16 纳米芯片中采用，2017 年用在 10 纳米芯片上

知识维生素

台积电南京厂

时间：2018 年下半年投产

地点：南京市北新区的浦口经济开发区桥林片区，厂区面积 13.6 万坪（1 坪≈3.3 平方米），使用权 50 年

投资金额：30 亿美元以内

晶圆厂产能：12 英寸晶圆 2019 年月产能 4 万片，占台积电总产能的 5%

技术规格：16 纳米（比台积电 10 纳米落后一世代）

功能：就近供应中国大陆企业，台积电晶圆全球市占率由 2017 年的 55% 增至 2018 年的 57%

8－6 资本支出周转率

“两兆双星”行业中的“两兆”（半导体、面板）行业每年新设厂或设备“汰旧换新”所花的金额很大，因此由资本支出切入来分析，顺理成章。

一、资本支出周转率

资本支出周转率跟应收账款周转率观念相似。

1. 资本支出可撑得起多少营收

每年花1元于资本支出，可杠杆起5元、10元营收，资本支出周转率看似越大越好。

2. 类似本益比

这是指一年资本支出可以支撑多少营收，跟营销费用周转率（详见单元8－10）观念相近，由表2－43可见，跟本益比观念类似。

表2－43 资本支出的两个比率

项目	比率	倍数
股价、每股盈余模拟	益本比： $报酬率=\frac{每股盈余}{股价}$	本益比： $还本期间=\frac{股价}{每股盈余}$
资本支出比率	$资本支出密度=\frac{资本支出}{营收}$	$资本支出周转率=\frac{营收}{资本支出}$

3. 图像记忆

由表2－44、表2－45可见资本支出周转率跟固定资产周转率的差别。

表2－44 固定资产

损益表	资产负债表	
营收	资产	固定资产周转率
（略）	1. 流动固定资产 2. 非流动固定资产	$\frac{营收}{平均固定资产}$

表 2-45　现金流量表

活动	（1）流入	（2）流出	资本支出周转率
投资	（略）	购置固定资产、无形资产	$\frac{\text{营收}}{\text{资本支出}}$

二、资本支出密度

套用科技管理书中的研发密度（详见单元 7-6）观念，以资本支出密度来分析多少营收可以支撑多少资本支出。

1. 类似益本比、广告费用密度

由资本支出密度公式可见，其跟广告费用密度观念相近，由表 2-45 可见，跟益本比观念类似。

2. 营收中有多少资本支出

资本支出密度可以解读为"为了 1 元营收，宜投入 0.2 元的资本支出"。

小博士的话

2015 年制造业资本支出

2015 年制造业上市上柜公司固定资产投资 1.2 兆元，年成长率为 3.7%，以电子零组件业 6,613 亿元为最多，年成长率为 1.4%，主因是晶圆代工业要提高产品效能、拉高技术门槛。

计算机、电子产品及光学制品业为响应客户行动通信产能需求与组装效率，固定资产投资为 1,423 亿元，年成长率为 41.7%，为各产业中表现最好。制造业固定资产投资前五大公司依次为台积电、鸿海、联电、华亚科及友达，合计 4,755 亿元，占制造业固定资产投资比重的 40%，比 2009 年成长率增加了 14%。

8－7 台积电的资本支出周转率

台积电资产负债表中非流动资产的房地产、厂房及设备占 53%，2016 年现金流量表折旧费用约 2,008 亿元、摊销费用约 37.4 亿元。资本支出 3,322.4 亿元，其中 67% 用来“汰旧换新”，33% 用于新购机台等。

一、趋势分析

由 2011 年起开始分析。

（1）资本支出周转率：由表 2－46 可见，台积电资本支出周转率在 2011—2013 年原地踏步，2014 年暴冲到 2.61 倍，这是因为从 2013 年起管制资本支出金额（已于单元 8－4 说明）。

（2）资本支出密度：从 2014 年起，资本支出占营收的比率降低。

表 2－46　2012—2016 年台积电、联电资本支出周转率、资本支出密度

公司	科目	2012 年	2013 年	2014 年	2015 年	2016 年
台积电	（1）资本支出/亿元	2,479.2	2,873.5	2,923.6	2,617.8	3,322.4
	（2）营收/亿元	5,067	5,970	7,628	8,435	9,479
	（3）资本支出周转率/倍 ＝（2）÷（1）	2.04	2.08	2.61	3.22	2.85
	（4）资本支出密度＝（1）÷（2）	0.49	0.48	0.38	0.31	0.35
联电	（1）资本支出/亿元	522.0	329.0	444.0	615.9	931.1
	（2）营收/亿元	1,157	1,238	1,400	1,448	1,487
	（3）资本支出周转率/倍 ＝（2）÷（1）	2.22	3.76	3.15	2.35	1.60
	（4）资本支出密度 ＝（1）÷（2）	0.45	0.27	0.32	0.43	0.63

二、2016 年情况

（1）资本支出周转率为 2.85 倍：2016 年资本支出金额 3,322.4 亿元，成长率为 26.92%，是营收成长率 12.38% 的 2 倍多。设厂需要时间，可见台积电砸了大钱为 2017 年、2018 年做准备。

（2）资本支出密度为 0.35：每营收 1 元，便拨 0.35 元用于资本支出。

三、台积电与联电比较

（1）资本支出周转率：以 2016 年为例，联电营收 1,487 亿元，为台积电营收

9,479 亿元的 15.7%，联电资本支出为台积电的 28%（931.1 亿元除以 3,322.4 亿元），联电相对多投资。简单来说，联电机台较新。

由表 2－46 可见，联电资本支出周转率为 1.60，看似联电比较敢砸大钱投资机台，但联电产能利用率（注：未揭露）比台积电低 5% 以上，2016 年砸大钱的目的可能是冲刺 14/10 纳米制程。

（2）资本支出密度：2015 年和 2016 年联电资本支出密度较高。

小博士的话

纳米（nm）小档案

1. 度量衡中的长度计量单位：1 纳米 $= \frac{1\text{ 米}}{10^9} = \frac{100\text{ 厘米}}{10\text{ 亿}} = \frac{1\text{ 厘米}}{=1,000\text{ 万}}$

- 以头发为例：人的头发垂直切成 1,000 根，其中 1 根。
- 以细菌、滤过性病毒为例：细菌长度约 100 纳米，滤过性病毒长度为 40 纳米。

2. 在半导体中的运用：纳米指晶体管内线路的宽度（线宽），线宽越细，产出的芯片越小，技术也越难，更能符合点子产品轻薄短小的趋势，也能让业者在同样的大小晶圆上产出更多芯片。

知识维生素

韩国三星电子不是吃素的

彭博数据显示，三星电子 2015 年资本支出近 230 亿美元，连续第 4 年超过 200 亿美元。

证券分析师预估，三星电子可能在三星显示器与半导体上投入至少 50 亿美元，野村控股分析师郑昌元表示，这两家子公司是三星电子“下一个成长引擎”，以便在手机市场“杀出一条血路”。这也反映出三星电子在 Galaxy S7 成功后对智能型手机市场重燃希望。

2015 年，三星电子推出第一版 10 纳米制程，2016 年底推出第二版制程，效能提高了 10%。理由之一是为了抢苹果公司的产品订单。

为符合全球企业形象，三星电子打造更为国际化的企业文化，减少烦琐的公文流程，培养创新能力，建立新创企业的精神。

2016 年 3 月，三星电子决心建立新创企业般的组织营运，打破集权管理，建立更高水平的组织。这项改革宣示活动由 600 位主管与员工共同出席。允许员工夏天穿短裤上班，以及鼓励员工休长假。

（摘自《经济日报》，2016 年 7 月 7 日，A7 版）

8－8 营销费用

对精品品牌公司来说，每100元营收中往往需提列20元作为营销费用。本单元要说明营销费用的内容及重要性。

一、营销费用

由表2－47可见，由营销组合来看营销费用，就能记得住这个会计科目的内容，例如物流费用包括在营销费用内。这道理也很直接，因为业务部负责接单、出货，所以物流费用就包括在此。

（1）物流外包时，物流费用率为8%。

由物流公司负责企业对企业（B2B）物流，物流费用率约为8%。

（2）自运10%。

当公司自己负责物流时，物流费用率较高，优点是比较有弹性。

表2－47 营销费用的会计内容

营销组合（4Ps）		营销费用
一、产品		/
二、定价		/
三、促销	（一）广告	广告费
	（二）人员销售	推销费
	（三）促销：赠品、零售公司折让	
四、实体配置	（一）运货	物流费用
	（二）商店	仓库的房租

二、营销费用的会计处理

从营销费用的会计处理中可以看出营销费用对公司的贡献，分成两种情况，详见表2－48。

表2－48 营销费用的会计处理原则

公司状况	营销费用的价值
公司	营销费用只对当期营收有贡献，而研发费用中的发展费用可以资产化
公司被收购	营销费用资产化 1. 购入两种营销资产 • 品牌资产 • 通路资产 2. 购入商誉＝收购价－资产重估后的价值 例如20亿元－18亿元＝2亿元

1. 一般情况

当公司没去收购别家公司时，营销费用在当年就以费用科目出账，花完即可。

2. 买方公司的会计处理

当公司曾经收购其他公司品牌（如 IKEA 这个名称）时，买方公司资产负债表会出现非流动资产中的两种无形资产，即品牌资产、商誉。

三、单家财务报表

单家财务报表是把一家公司当成一个事业部来看，在分析营销密度时，本书以单家财务报表为主。

四、品牌价值的例子

英国知名品牌顾问公司 Interbrand 每年 10 月 5 日发布当年全球百大最有价值品牌排行榜，详见表 2－49。中国台湾地区也有机构仿照其做法，以计算中国台湾公司的品牌价值。

表 2－49　2016 年全球前十大最有价值品牌（公司）

排名	国家	品牌（公司）	价值/亿美元
1	美国	苹果公司	1,781
2	美国	谷歌	1,333
3	美国	可口可乐	711
4	美国	微软	728
5	日本	丰田	536
6	美国	IBM	525
7	韩国	三星电子	518
8	美国	亚马逊	503
9	德国	奔驰	435
10	美国	通用电器	431

资料来源：《工商时报》，2016 年 10 月 7 日，A2 版。

小博士的话

台积电业务发展小档案

成立时间：2009 年

设计：约 7 个处

执掌：预测未来 5 年的市场需求是什么，是哪些产品，这些产品的规格是多少，规格转换成制程是什么样子，台积电要开发哪种技术，了解市场，再把未来商机转换成技术蓝图。

8－9 营销密度

如何判断一家公司的营销费用支出是否合理？由公司一年的营销费用金额中是否可以推估其营收金额？答案之一是看这家公司的营销密度与营收营销倍数，本单元对前者做说明。由于营销费用的贡献仅基于本公司，所以本章各公司的比较其营收皆是单家。

一、公司经营方式

公司经营方式有许多种分类，其中之一是用品牌、代工进行区分，这可以反映出营销费用的高低。

1. 品牌公司

品牌公司的营销费用率一定比较高，顾名思义，一定要砸钱打广告，招牌才会响亮。

2. 代工公司

代工公司接单生产，只需服务几家品牌公司即可，不需要花钱去打广告，所以营销费用率极低。

二、营销密度或营销费用率

自行车、脚踏车指的是同一件事，各地区、各领域的人用词不一样。以营销费用除以营收来说，有两个用词：

1. 会计上称为“营销费用率”

研发费用、管理费用、营销费用除以营收，统称“某某费用率”，学过会计学的人大都知道营销费用率。

2. 偶尔可以说“营销密度”

在第 7 章介绍了研发密度、资本密度与营销密度，这三个专有名词的交集都是“密度”，皆沿用研发密度中的用词。

三、营销费用率的决定

针对营销费用率的决定有两种考虑因素：

1. 营收导向

营销费用的目标是杠杆起一定倍数的营收，例如营销费用和营收之比为 1 ∶ 5，即广告费用率为 20%，这是最常见的营销费用率的决定公式。

2. 净利导向

遵循“营销费用→营收→净利”这个传递过程，每个环节皆有很多影响因素，例如影响营收较大的因素是产品，也就是说，营销费用只有锦上添花的功能，没有雪中送炭的作用。

知识维生素

国际品牌公司小档案

成立时间：1974 年

地址：英国伦敦市

发布时间：1988 年开展品牌价值评估研究

母公司：1994 年加入宏盟集团

8-10 台积电与联电营销费用比较

由表2-50可见，2016年台积电营销费用周转率是联电的8.43倍，原因是营销费用有规模经济效果。

表2-50 2012—2016年台积电与联电营销费用周转率及营销密度对比

公司		2012年	2013年	2014年	2015年	2016年
台积电	（1）营销费用/亿元	23.86	23.04	26.86	29.83	31.00
	（2）营收/亿元	5,004	5,911	7,572	8,370	9,364
	（3）营销费用周转率/%=（2）÷（1）	20,972.3	25,655.4	28,190.6	28,059.0	30,206.4
	（4）营销密度/%=（1）÷（2）	0.48	0.39	0.35	0.36	0.33
联电	（1）营销费用/亿元	18.28	25.59	31.25	33.63	37.85
	（2）营收/亿元	1,060	1,093	1,206	1,307	1,356
	（3）营销费用周转率/%=（2）÷（1）	5,798.7	4,271.2	3,859.2	3,886.4	3,582.6
	（4）营销密度/%=（1）÷（2）	1.72	2.34	2.59	2.57	2.79

一、零广告费

芯片是工业零件，一般来说，由于买方都是大公司，代工公司是不用花大钱打广告的，英特尔个人计算机的中央处理器打广告是少数例外。

二、人员销售费用

（1）台积电负责的销售：一是业务开发部，二是北美子公司。

（2）联电成立全球销售暨营销部，负责市场营销、业务销售和客户服务。

三、物流费用

芯片主要是以货柜空运方式进行物流运输，例如台积电替苹果公司做的iPhone手机A9～A11芯片，在台湾新竹生产后，经由桃园机场空运到河南省郑州市的富士康公司，该省2015年出货智能型手机1亿部，占全球出货量的6.7%，当地人称其为“苹果城”或“iPhone城”。

小博士的话

台积电2016年营收55%来自手机芯片

时间：2016年7月14日

人物：刘德音，台积电两位总经理之一

地点：中国台湾台北市

事件：刘德音表示，台积电2016年手机芯片占营收的比重为55%；预计2017—2021年营收成长率为5%～10%，一半营收将来自手机芯片。

表2-51　2016年台积电五大客户

国家/地区	公司	占比	国家/地区	公司	占比
美国	苹果公司	17%	中国大陆	海思	5%
美国	高通	11%	美国	辉达	5%
中国台湾	联发科	5%	其他	/	57%

资料来源：日本日经新闻，2017年5月1日。

表2-52　2016年中国台湾前十名国际品牌公司

2016年	公司	品牌价值/亿美元
1	华硕	17.48
2	趋势科技	13.60
3	旺旺控股	10.29
4	中信金控	5.06
5	巨大机械	4.76
6	研华科技	4.36
7	宏碁	4.26
8	美利达	4.00
9	联发科技	3.77
10	宏达电	3.73

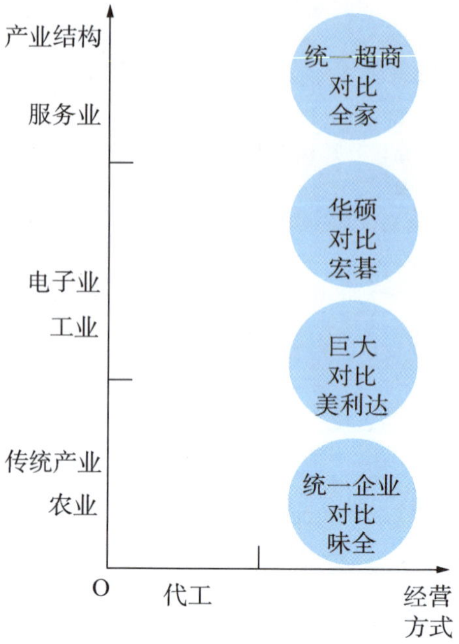

图 2－5　产业结构对比

表 2－53　2015—2017 年全球资本支出前十名晶圆公司　　单位：亿美元

排名	国家/地区	公司	2015 年	2016 年	2017 年
1	韩国	三星电子	130.10	113.00	125.00
2	美国	英特尔	73.26	96.50	120.00
3	中国台湾	台积电	80.89	102.49	100.00
4	韩国	海力士	60.11	51.88	60.00
5	美国	美光	45.00	57.60	50.00
6	中国大陆	中芯	14.01	26.26	23.00
7	中国台湾	联电	18.99	28.42	20.00
8	阿联酋	格罗方德	39.85	15.00	20.00
9	日本	东芝	17.45	18.40	19.00
10	美国	闪迪	14.60	17.50	18.00

资料来源：IC Insights，2017 年 3 月 8 日。

第三篇 财务比率分析导论

第 9 章　财务比率分析快易通

第 10 章　财务比率分析的合并运用
——以台积电为例

第 9 章
财务比率分析快易通

9－1　公司财务比率与健康
9－2　财务报表分析指标特写
9－3　六类财务比率的因果
9－4　财务比率的范围
9－5　公式好好记——四类财务比率
9－6　财务比率的补充说明
9－7　公式好好记——比率与倍数
9－8　财务比率操纵——以应收账款、存货周转率为例

9－1 公司财务比率与健康

每年都有一些新科技、新名词产生，例如，2015 年的串流音乐、串流影片，有时英文名词太深奥，再加上中文翻译太抽象，以致令人不知所指为何。串流指的是通过手机、笔记本电脑等上网下载音乐，这跟 2001—2007 年的音乐播放器（MP3，如苹果公司的 iPod）一样。

能近取譬才容易发现“似曾相识”。如同人通过健康检查，可以了解身体的健康状况；通过公司财报分析，可以了解公司的健康状况。

一、人的肺＝公司的偿债能力

1. 人的肺

只要严重缺氧 4 分钟，人就很容易因窒息而死亡，可见氧气很重要。

2. 公司的偿债能力

有时公司有盈余，也会因速动资产小于流动负债而付不出支票导致跳票，称为“周转不灵”，对应财务比率中的偿还能力中的速动比率、流动比率。

二、人的肝脏＝公司的经营能力

1. 人的肝脏

人的肝脏分泌胆汁，其中胆汁酸可以帮助人消化肉类、脂肪，肝脏的主要功能是解毒。

2. 公司的经营能力

公司的经营能力一如人的肝脏，把存货、固定资产（房地产、厂房与设备）、总资产妥善利用，把资产化为营收等。

三、人的胃肠＝公司的获利能力

1. 人的胃肠

一个体重 70 千克的成人，一天约需 2,700 卡路里的热量，胃负责磨碎食物，小肠负责吸收食物中的养分，养分转换成热量，长期入不敷出，会导致营养不良，甚至饿死。

2. 公司的获利能力

公司的净利（可视为人吸收卡路里）大于现金股利（可视为人消耗掉卡路里），公司储蓄（主要指保留盈余、资本公积）、股本会慢慢增加。

四、人的心脏＝公司的现金流量

1. 人的心脏

人的心脏比较像汽车的引擎，能把血液送到全身各器官，以供给氧气和养分。

2. 公司的现金流量

公司的现金流量（3 个指标）可以衡量公司的“氧气”“养分”（现金流量允当比率、现金再投资比率）。

限于篇幅，其他内容详见“知识维生素”。

表 3－1　人的器官功能与公司财务分析指针

器官	功能	财务指针	常用指标
肺	呼吸空气	偿债能力	流动比率≥1.4 倍 速动比率≥1 倍 利息保障倍数≥4 倍
肝脏	解毒、脂肪消化	经营能力	资产周转率
胃肠	消化以获得热量	获利能力	每股盈余≥2.4 元
心脏	提供血液	现金流量	现金比率
血压	36～40 岁男性 收缩压＜120 舒张压＞80	财务结构	负债比率≤50%
肾脏	解毒	杠杆程度	
胰脏		杠杆程度	

知识维生素

人的血压＝公司的财务结构

1. 人的血压。

人体三高（高血压、高血脂、高胆固醇）中，血脂、胆固醇是原因，高血压是结果。定期量血压，大抵可判断各年龄层的心血管健康状况。高血压是心肌梗死（容易导致猝死）的元凶。

2. 公司的财务结构。

公司财务结构中的负债比率最像人血压的舒张压，都宜在警戒值之下。

人的肾脏、胰脏＝公司的杠杆程度

1. 人的肾脏、胰脏。

人的肾脏主司尿液等排毒功能，要是肾脏功能衰退，就必须走上血液透析（俗称“洗肾”）一途。人的胰脏主要分泌胰液，可以中和胃酸，消化糖、蛋白质和脂肪。

2. 公司的杠杆程度。

公司的杠杆程度是衡量公司营业（营业杠杆程度）、财务（财务杠杆程度）的风险，一如人的肾功能，风险越低，人的肾功能越好。

9－2 财务报表分析指标特写

本单元把6类财报比率依3个财务报表细分为22个指标。以照相比喻，本单元先照个全景，然后拉近镜头，抓近景。单元9－3之后才是特写。由表3－2可见：

（1）第一列：隐含Y轴，列出公司三个权力单位，即股东大会、董事会和管理层。

（2）第一行：隐含X轴，财务报表公司包括四种财务报表，有两个事主（损益表、资产负债表）、两个衍生（现金流量表是现金基础的损益表，权益变动表是资产负债表中权益的补充）。

依据组织层级，各自负责6类财报分析指标中的一部分。

一、股东责任区

由表3－2第二行可见股东负责的财务指标。

表3－2　公司三个权力单位负责的财报分析指标（之1、之2依逻辑顺序排列）

组织层级	损益表	资产负债表	现金流量表
股东大会		• 一类财务结构 • 六类杠杆程度 之2 财务杠杆程度	• 五类现金流量 之2 净现金流量允当比率
董事会	• 四类获利能力 之3 营业净利占资本比率 之4 税前净利占资本比率 之2 权益报酬率 之6 基本每股盈余 之7 稀释每股盈余	• 二类偿债能力 之1 流动比率 之2 速动比率 之3 利息保障倍数	五类现金流量 之1 现金流量比率 之3 现金再投资比率
总经理	• 三类经营能力 之7 资产周转率 • 四类获利能力 之1 资产报酬率 之5 纯益率	• 六类杠杆程度 之1 营业杠杆程度	

续表

组织层级		损益表	资产负债表	现金流量表
部门主管	1. 采购部		• 三类经营能力之5应付账款周转率因版面平衡起见，下两项原位于资产负债表栏内	• 三类经营能力之3存货周转率
	2. 制造部		• 三类经营能力之6房地产、厂房及设备周转率	• 三类经营能力之4平均销货天数
	3. 业务部		• 三类经营能力之1应收账款周转率 • 三类经营能力之2平均收现天数	

二、董事会责任区

（1）四类获利能力。

（2）二类偿债能力。

三、管理层中总经理的责任区

由表3－2可见，单独由总经理扛的财务指标有3类中的4个指标。

（1）六类杠杆程度之1营业杠杆程度。

（2）四类获利能力之1资产报酬率和之5纯益率。

营收面的资产周转率：资产能撑起多大营收，是总经理的重大责任。

净利的纯益率：靠营收能带来多少净利。

（3）三类经营能力之7资产周转率跟资产报酬率的交集是资产，股东拿出这么多资金（即资产负债表右边的资金来源）交给管理阶层，就看“巧妇”如何“炊”这些“米”。

四、管理层中核心部门主管责任区

在财管课程中，会花大量篇幅讨论由资产管理比率来看公司管理层的管理绩效。由表3－2中资产负债表的左边损益表来看三类经营能力就很直观了。

（1）制造部负责固定资产周转率。

房地产、厂房与设备（称为“固定资产”，非流动资产中的大项）能创造多少营收，制造部负大部分责任。

（2）业务部负责流动资产管理比率。

应收账款总额、天期与存货（尤其是制成品）金额，主要由业务部决定，以品牌公司来说，适当存货量比较不会缺货。

（3）采购部负责存货周转率。

9－3 六类财务比率的因果

两个以上的变量可能有两个角度分析：

(1) 相关程度。

例如正相关、负相关或无关。

(2) 因果关系。

例如3C产品（尤其是平板电脑、智能型手机）越向儿童普及，儿童的近视率越高。

仔细看六类财务比率，会发现有“投入（因）—转换—产出（果）”的因果关系。

一、投入：经济学中的生产因素市场

经济学中的生产因素（俗称“生产要素”）有5个：自然资源（或土地、水电）、劳工、资本、技术与企业家精神。

1. 一类财务结构

财务比率一类财务结构聚焦于生产因素中的资本，生产因素中的资本本意指资金，有钱才能买房地产、厂房及设备。

2. 五类现金流量

其中“现金再投资比率”代表年营业活动现金流量中有多少比率能够拿来支持资本支出。

二、转换

三类经营能力

“戏法人人会变，各有巧妙不同”，同样数量的生产因素（此处为资本），在不同的公司，因董事会、总经理与功能部门主管的经营、管理能力不同，都会影响公司的经营绩效。

三、产出

由图3－1产出栏可见，其占了六类财务比率中的三类，依序如下：

1. 四类获利能力

经营绩效分为营收面（营收金额、成长率、市场占有率）与获利能力。

2. 六类杠杆程度

杠杆常指“以小博大”，杠杆程度用以衡量一元净营业现金流量可支持多少资本支出等。

3. 二类偿债能力

1992年，由美国哈佛大学会计系教授卡普兰与诺顿集团董事长诺顿提出的平衡计分卡（BSC），是会计学界跟公司策略管理联结的工具，由图3－1可见，四项绩效也可依“投入—转换—产出”架构进行分类。

四、跟平衡计分卡进行比较

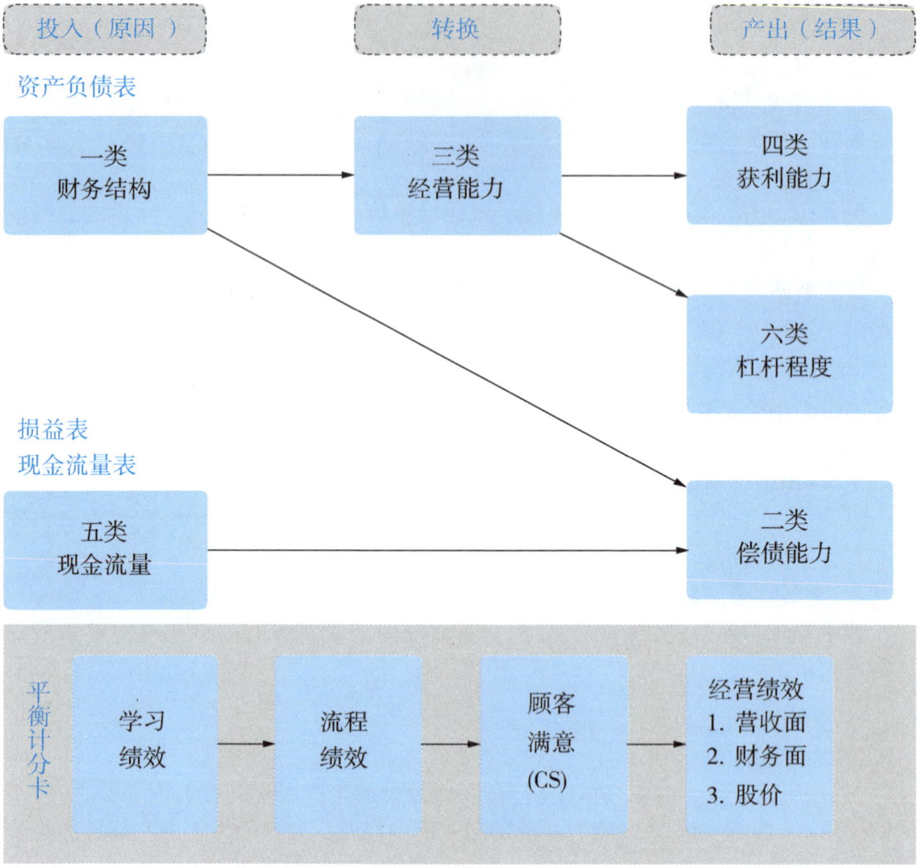

图 3－1　“投入—转换—产出”架构分析六类财务比率

知识维生素

财务比较 E 点通小档案

时间：2016 年 7 月

机构：中国台湾证券交易所，公开信息观测站

内容：十大项目的功能比较，三大报表单季、历年趋势及一般投资人较常使用的各类财务比率，并提供公司统计、产业趋势等信息，有 30 多项指标，欲了解相关财务数据可下载 Excel 档案，由使用者依需求进行分析。

9－4 财务比率的范围

一、套用柏拉图的 80：20 法则

股票技术分析的指标有 50 多种，套用意大利经济学者柏拉图的 80：20 法则，即常用（占 80%）的技术指标只有 10 种（占 50 种的 20%）。

1. 以中国台湾证交所为基准

同样地，有许多学者、机构（例如银行公会）等提出大同小异的财务比率的广度、深度，详见图 3－2，令人目不暇接。

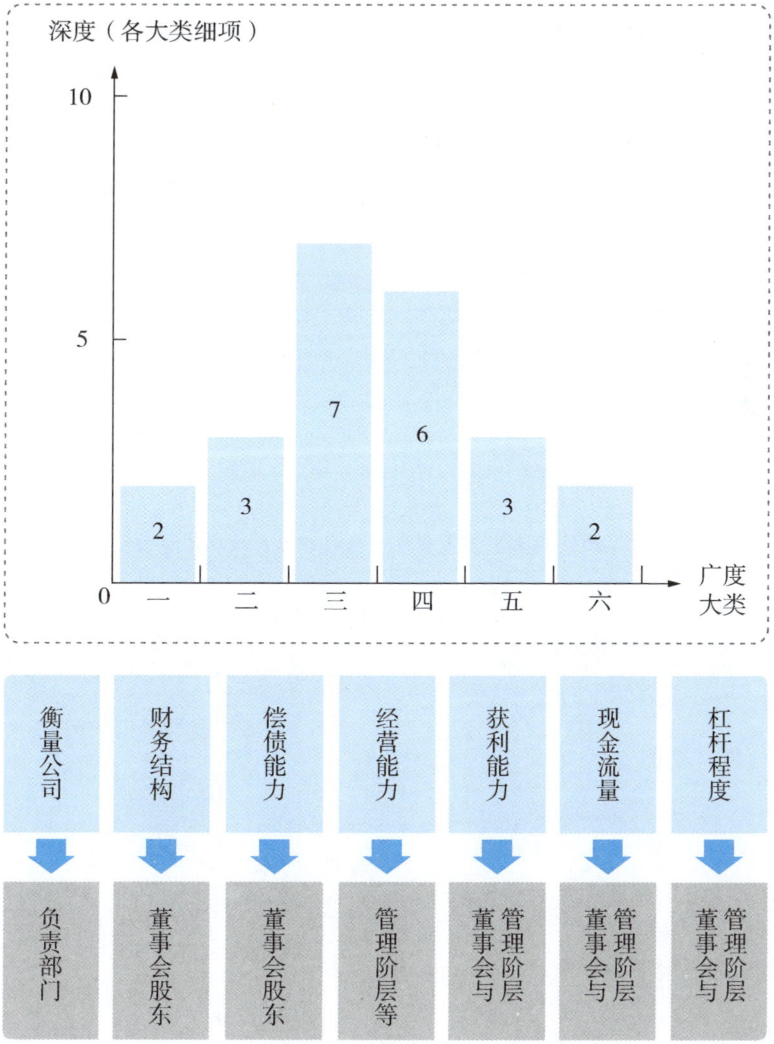

图 3－2　中国台湾证交所财务比率的广度与深度

本书依证交所（含柜买中心）对上市上柜公司年报的规定，将其分为 6 类、22 个细类指标。

2. 公式大统一

证交所对上市公司财务分析的公式“多年走来，始终如一”。我以此为基础，再加上对资本支出、研发费用、营销费用与损益表诊断进行说明的四章，形成本书。

二、财务管理观念：图像记忆

走迷宫如何不迷路？先在瞭望台上看自己所处的位置到出口的大方向，例如往东北方向便是“生门”。

在台北市开车如何不迷路？先看台北市的简易地图，以忠孝东路为“赤道”，看到横的大道由北往南有民族路、民权路、民生路等，南北向的由右往左有基隆路、复兴南北路、敦化南北路，以中山南北路与罗斯福路东西两边为界线，鸟瞰全局就不会迷路。

同样，由损益表上的“营收”或“获利”除以资产负债表上的“资产”或“业主权益”得出，所以本书大部分财务比率都会画出损益表、资产负债表中的相关会计科目。

小博士的话

财务比率分析

财务比率分析 = 财务 + 比率 + 分析

有两种组合：

1. 财务比率是把 2 个（以上）财务报表的科目相除，所以才称为“比率”（或“倍数”）。

2. 比率分析法是把比率值跟产值、对手进行比较，或是跟临界值进行比较。可用 1 年、5 年的平均比率来进行对比。

9－5 公式好好记——四类财务比率

常公布的财报比率有六类，而常用的有四类（详见表3－3），限于表格篇幅，有两类（现金流量、杠杆程度）暂省略。

表3－3 四类财务比率公式的性质（之1、之2依逻辑顺序排列）

财务比率	损益表加资产负债表	资产负债表
一类财务结构		之1 负债比率 $=\frac{\text{负债}}{\text{资产}}<0.5$ 之2 长期资金占固定资产比率 $=\frac{\text{长期负债}+\text{权益}}{\text{固定资产}}>1$
二类偿债能力	之3 利息保障倍数 $=\frac{\text{息前税前净利}}{\text{利息}}>4$	之1 流动比率 $=\frac{\text{流动资产}}{\text{流动负债}}>1.4$ 之2 速动比率 $=\frac{\text{速动资产}}{\text{流动负债}}>1$ 速动资产＝流动资产－存货－预付款（或费用）
三类经营能力（分母皆须加"平均"，例如平均资产）	之1 应收账款周转率 $=\frac{\text{营收}}{\text{应收账款}}$ 之3 存货周转率 $=\frac{\text{营业成本}}{\text{存货}}$ 之5 应付账款周转率 $=\frac{\text{营业成本}}{\text{应付账款}}$ 之6 固定资产周转率 $=\frac{\text{营收}}{\text{固定资产}}$ 之7 资产周转率 $=\frac{\text{营收}}{\text{平均资产}}$	之2 平均收现天数 $=\frac{365}{\text{应收账款周转率}}$ 之4 平均销货天数 $=\frac{365}{\text{存货周转率}}$
四类获利能力（分母皆须加"平均"，例如平均权益，但纯益率不用）	之5 纯益率 $=\frac{\text{净利}}{\text{营收}}$	左述可记净利率
	之1 $\frac{\text{资产报酬率}}{\text{净利}+\text{利息}\times(1-\text{税率})}$ $=\frac{\text{平均资产}}{\text{每股盈余}}$ 之6 $\frac{\text{净利}-\text{特别股股息}}{\text{平均流通股数}}>2.3$ 元	左述可记净利/流通股数
	之2（股东）权益报酬率 $=\frac{\text{净利}}{\text{平均权益}}$	

注：为了简化公式起见，三类、四类中的分母来自资产负债表的科目，例如四类之2的权益报酬率的分母是指平均权益，即年初加年底金额除以2。

一、以资产负债表为准

由表3－3可见，一类、二类财务比率的数字主要来自资产负债表。

1. 一类财务结构

由表3－3可见，财务结构主要指公司资产中有多少资金是借来的。

2. 二类偿债能力

共有以下两种偿债能力：

（1）资产负债表：流动比率、速动比率。

（2）损益表：利息保障倍数。

二、损益表加资产负债表

由表3－3可见，有两类财务比率的数据分子来自损益表，分母来自资产负债表。

（1）三类经营能力。

（2）四类获利能力。

小博士的话

为何买联发科，不如买台积电？

摩根士丹利证券半导体分析师詹家鸿表示，基于下列考虑，买联发科，不如买台积电：

从2015年起，中国大陆智能型手机品牌公司，例如华为、小米开始推出手机晶片，以提高产品差异化。

联发科毛利率降低，投资评等与合理股价预估值分别调降至“减码”与185元。

台积电跟安谋介入中国大陆芯片市场，将有利于台积电，台积电优于三星LSI（注：三星电子旗下半导体公司）成为先进制程提供者。

2016年3月21日，外资买超1.2万张。

台积电市值5.184兆元＝股价× 股数＝200元×259.2亿股。

（整理自《工商时报》，2016年3月22日，A5版）

9-6 财务比率的补充说明

单元9-5中许多来自资产负债表的资产、权益皆是平均数，为了容易记住，把“平均”前置词拿掉，在本单元中一并说明，详见表3-4。在进入本单元之前，先说明两种观念。

表3-4 财务比率中资产负债表上的分母

<table>
<tr><th colspan="2">资产面/权益面</th><th>平均</th><th>会计科目</th><th>说明</th></tr>
<tr><td rowspan="2">资产面</td><td>（一）流动资产</td><td>平均
平均
各期平均</td><td>应付账款
存货
应付账款</td><td>/</td></tr>
<tr><td>（二）非流动资产</td><td>平均
平均</td><td>固定资产净额资产</td><td>固定资产净额=固定资产-当期折旧费用</td></tr>
<tr><td colspan="2">权益面</td><td>加权平均</td><td>权益（净额）
已发行股数</td><td>流通在外股数=发行股数-库藏股数</td></tr>
</table>

一、教公式的窍门

财报分析公式多，许多课程皆有此现象，我们采取下列方式化繁为简。

1. 把几个公式写在一起

能一次搞懂所有公式的方法，便是将相关公式制成表格，由此可以看出成本率、费用率等公式的分母都是营收。如此只要记住分子便可。

2. 数字例子

教学的目的是让学生容易懂，如此也容易记，举数字的例子是最简单的让公式变得易懂的方法。

（1）以100或其倍数为单位：以营收来说，举例为100亿元，如此其他会计科目（例如毛利48亿元）被营收一除即得毛利率0.48（或48%），轻而易举便可算出相除的结果。

（2）大数目即可：在书写时，在损益表等右上角写上“单位：亿元”，如此“营收100”指的是营收100亿元。在做公司简报时，有些公司很简化，以下列英文字母代表数字单位。

E：亿，K：千，W：万，M：百万，B：10亿。

3. 进位单位

财务报表追求分毫不差，除了这些以外，只需抓大放小。

（1）国际接轨：证交所等要求上市公司的财报与国际接轨，所以表格的单位采取美国的三进位制，详见表3-5，基本上是“单位：千元”。但许多上市公司财务长看到财务数字还是要换算成亿元。

（2）约定俗成：由表3-5可见，台湾采用四进位，即4个0进位，即万元、亿元、兆（中国大陆称“万亿”）元。像2017年大学毕业生平均起薪26,000元（或2.6万元）。依公司规模大小单位基准如下：

①中小企业：以万元为单位。

②大公司：以亿元为单位。本书以此为基准。

表3－5　美国与中国台湾的数字进位

进位制度	美国：三进位	1,000,000,000 10亿元 （B）	1,000,000 百万元 （M）	1,000 千元 （K）
	中国台湾：四进位	1,0000,0000,0000 1兆元	1,0000,0000 1亿元	1,0000 1万元

二、流量与存量

财务报表由公司会计部编制，在大学会计学、经济学中主要是流量与存量。由表3－6中所列举的三个生活中的例子可以明白财报流量与存量的差别。

存量是累积的，那就有期初金额、本期增加（减少）数，相加后变成期末金额，一般采取平均数以代表那一年的平均水平。

表3－6　常见流量与存量观念

项目	流量	存量
1. 水池	流入水4千克 流出水2千克	年初20千克 净流入2千克 年末22千克
2. 摄影	比较像5分钟的摄影	摄影定格在最后一幕
3. 你的体重	一年胖2千克	年初60千克加上一年增加的2千克，年末62千克
4. 财务报表	损益表 现金流量表 权益变动表	资产负债表

三、资产负债表上的平均数

由表3－4可见，财务比率中资产面、权益面大都采取平均数（例如：期初金额加期末金额除以2）。

9－7 公式好好记——比率与倍数

经济学看似公式多如牛毛，但是“万变不离其宗”，大部分都是运用数学运算加减乘除中的除法。

一、AB 比

所有相除的式子，常可以表示成“AB 比”或“AB 比率”，详见以下公式。

1. 分子放上面，分母放下面

“AB 比”表示 A 项数字放在除式上面（分子），B 项数字放在除式下面（分母），以数字举例，有人体内血液为 4.615 千克，体重 60 千克，体内血液占 7.7%（或 1/13）。

2. 少数例外，必须正名

有极少数情况，往往一开始的人弄错了，后来的人将错就错，以致以讹传讹，所以我们必须正名。

例如，在货币银行学中，常见的是本国银行的放存款比率，以 2017 年来说，放款 24.5 兆元，存款 32.15 兆元，放存款比率为 76%，即银行吸收 100 元存款，约 76 元会被放款出去。

3. 比率跟“倍”正好相反

除法的结果是，如果大于 1 则称为“倍”，小于 1 则称为“比率”。

（1）在表 3－7 中第二列是比率。

（2）倍在表 3－7 中第三列，是比率的倒数。

表 3－7　比率与倍（数）的关系

项目	比率	倍（数）
本质	报酬率（R）	还本期间
一年期定存利率	$\frac{1.10\text{ 元}}{100\text{ 元}}=1.1\%$	$\frac{100\text{ 元}}{1.1\text{ 元}}=90.9$（倍）
股票	益本比（EPR）$=\frac{E}{Ps}$	本益比（PER）$=\frac{Ps}{E}$
台积电	$\frac{10\text{ 元}}{200\text{ 元}}=5\%$	$\frac{200\text{ 元}}{10\text{ 元}}=20$（倍）
性价比（PC 值）	$\frac{170\text{ 匹马力}}{85\text{ 万元}}=2$（匹马力/万元）	$\frac{85\text{ 万元}}{170\text{ 匹马力}}=0.5$（万元/匹马力）

二、存款利率

2014年家庭净资产（资产减负债）110兆元中有15%放在定期储蓄存款，另外现金与活期存款占12%，公司净资产放在定期存款。

1. 存款利率1.1%

由表3-7可见，一年期定存利率1.1%是结果，代表你存100元，在固定利率1.1%的情况下，满一年银行会给你1.1元的利息。简单地说，“投资100元，一年赚1.1元”。

2. 存款本益比

存款100元，一年利息有1.1元，两者相除，约90.9（或91）倍，也就是说，单利情况91年才能回本，这算很长远了。

三、股票的益本比、本益比——以台积电为例

“益本比”“本益比”，这两个词有什么差别？下文以2016年台积电为例进行说明。

1. 股利殖利率5%

假如你在2017年1月2日以200元买下1股台积电的股票，不考虑交易成本（手续费），同年7月台积电配发股息（假设现金股息）为6元，那么股利殖利率为4.285%。

2. 本益比20倍

如果台积电历史上每股盈余为10元，则台积电本益比为20倍，也就是说，在单利的情况下，你花200元买股票，每年领10元，要20年才能回本。

四、性价比

$$\text{AB 比}=\frac{\text{A 分子}}{\text{B 分母}}=\frac{7.8\text{ 千克}}{60\text{ 千克}}=13\%$$

知识维生素

性价比（PC值）

从2010年起，台湾流行起“性价比”这个词，但不容易找到可以精确衡量的例子，本处以日本丰田汽车冠美丽2,000cc车款为例。

1. 性价比。

由表3-7可见，花85万元买170匹马力，即花1万元买2匹马力，如果和其他牌子1万元买1.8匹马力相比，冠美丽的性价比较高（此处不考虑性能方面仅考虑马力）。

2. 英文字顺序弄反了。

性价比的英文简写（CP）是故意弄错的，正确的应该是PC值，但“PC”这个简写已经被“个人计算机”占据了。因此，有人称之为CP值，应改过来才对。

9－8 财务比率操纵——以应收账款、存货周转率为例

买二手汽车最怕碰到事故、泡水与调里程数的问题车，电视新闻经常会报道买方上当的事，买15年车龄的车以为里程数是10万公里，等到回原厂保养才知道原来是30万公里。

同样地，在做财报分析时，少数情况下，有些公司会在财报比率上动手脚，美化财报，使其成为“窗饰”。

一、盈余操纵

2017年905家上市公司的平均每股盈余为2.4元，如果将此视为绩优股，那么外资等法人会比较青睐这些公司。这会诱导一些公司采取操纵盈余方式以达到门槛。最常见的操纵盈余的方式是“营业外收入”，也就是把子公司或手上的股票出售，靠资本利得来弥补本业的不足。

外资看的是税前营业净利，自然不会看（税后）净利（简称“净利”），然而，大部分散户看的是每股盈余，很少看盈余的成分。

二、存货周转率操纵

由表3－8第二列可见，当公司平均存货太多时，存货周转率就低。

表3－8 经营能力类财务比率的两项指标

项目	存货周转率	应收账款周转率
一、公式	$=\frac{营业成本}{平均存货}$	$=\frac{营收}{平均应收账款}$
二、假设	目标为6倍以上	目标为6倍以上
三、操纵情况	1. 从分子下手 2. 从分母下手 例如期中、期末少进货，存货金额大减 后遗症：原料可能不够，工厂可能停工待料；成品缺货，客户买不到	1. 从分子下手 2. 从分母下手 例如期末时，紧缩商业授信金额 后遗症：边际客户可能因无法付现而被逼走

（1）当存货周转率目标为6倍以上时：公司营收100亿元、营业成本60亿元，平均存货15亿元，此时存货周转率为4倍。

当董事长或外界希望存货周转率超过6倍时，总经理取巧做法之一是调存货金额。

（2）分母调整。把存货金额往下调：当存货金额期初12亿元、期末18亿元时，平均存货金额为15亿元。在期中，唯一可动手脚的是少进料、少生产、少做

半成品，把期末存货金额降至8亿元。如此，期初12亿元、期末8亿元，平均存货10亿元，存货周转率6倍，勉强达标。外人不明所以，以为公司存货管理能力变强了，但8亿元的存货有可能存料不足，以致工厂停工待料；有可能成品存货不足，顾客买不到货。

三、应收账款周转率操纵

如果董事会觉得应收账款周转率3倍太低了，宜提高到6倍以上，则总经理等以下管理阶层有两种做法：

（1）分子调整。扩大营收：当营收100亿元、平均应收账款33.3亿元时，应收账款周转率为3倍；如果管理阶层设法把营收扩大为200亿元，则应收账款周转率为6倍。

（2）分母调整。营收100亿元不易突破，那就调整分母。期初应收账款25亿元，如果想达到应收账款周转率为6倍，则平均应收账款为16.7亿元，推论出期末应收账款为8.3亿元。要想达到此紧缩商业授信的目标，在期中时就要猛踩刹车。

知识维生素

“窗饰”小档案

原意：商店把商品等摆在橱窗，通过美化展示，让商品卖相变得更好。

延伸：人（化妆）、屋（刷油漆）等美化皆可称“窗饰”，但本质不变。

会计上含义：财报上人为美化，一般有可能是财报舞弊。

投资上含义：共同基金的基金经理年底做账。

知识维生素

大同公司旗下精英认列9,000万美元呆账

时间：2016年7月11日

地点：中国台湾台北市

人物：林郭文艳，精英董事长

事件：2014年委内瑞拉政府向精英下单教育平板电脑、教育计算机200万台，因国际原油崩跌，导致委内瑞拉外汇短缺，无法支付精英账款。

公司经评估后，由于未能确定呆账何时可以全数回冲，因此拟采取保守稳健的会计原则，将前述9,000万美元账款认列为呆账费用。2016年第二季财报认列每股净损5.2元。

（整理自《经济日报》，2016年7月12日，A5版）

知识维生素

在台湾，台积电专利数第一

时间：2017 年 2 月 8 日

地点：中国台湾台北市

人物："经济部"智慧财产局

2016 年法人专利申请前十排名　　单位：个

排名	公司	总计	发明	新型	设计
1	台积电	873	873	0	0
2	"工研院"	468	446	19	3
3	鸿海科技集团	400	357	19	24
4	宏碁	306	209	90	7
5	友达	290	268	21	1
6	英业达	230	227	1	2
7	中国钢铁	230	129	101	0
8	远东科技大学	222	43	178	1
9	台北城市科大	172	4	167	1
10	"中华电信"	166	160	4	2

Date ______ /______ /______

第 10 章
财务比率分析的合并运用
——以台积电为例

10－1　台积电身体健康检查

10－2　财务结构与偿债能力

10－3　经营能力

10－4　获利能力

10－5　现金流量比率与杠杆程度

10－1 台积电身体健康检查

通常在体检报告上，面对一堆密密麻麻的数字，医生只会挑重点跟患者说。

同样地，公司财务比率 6 类 22 个指标，常用的约 10 个，套用单元3－1的分析方式，本章以台积电为对象，只把重点指标的趋势分析跟对手进行比较。本单元以 2016 年为分析期间。

一、人的肺＝台积电的偿债能力

以人的呼吸量来说，吸入大于呼出就不会缺氧。公司的偿债能力应如人的呼吸，流动资产如同吸入空气，流动负债如同呼出空气。

台积电流动比率为 241%，是及格标准 140% 的 1.72 倍。

二、人的肝胆＝台积电的经营能力

2015 年台积电的管理阶层领受 1.66 兆元的资产，善用资产去创造营收，进而获利。

以经营能力来说，最全面的代表是资产周转率，即 1 元钱能做多少生意。2015 年，台积电资产周转率为 53%。这是资本密集型产业的“宿命”，必须砸大钱做生意。

三、人的胃肠＝台积电的获利能力

人的胃肠负责吸收水与养分，转换成热能，以维持人的正常体温与活动能力。

公司的获利能力有两项是股票投资人关心的：

1. 权益报酬率为 25.6%

台积电权益报酬率为 25.6%，不到 4 年便可还本，跟成长初期的公司获利能力一样好。

2. 每股盈余为 12.89 元

一股面值 10 元，台积电每股盈余近 13 元，可用“一股赚一股”来形容，完全不像美国英特尔、微软进入成长“高原期”。

四、人的心脏＝台积电的现金流量

心脏的主要功能在于血液循环，把好料运到各器官组织，把废料运到肾脏等处理器官。台积电的现金流量“心脏很强”。

五、人的血压＝台积电的财务结构

人怕“三高”，其中最致命的是高血压，对于台积电来说，血压正常，没有问题。

以财务结构中最常用的负债比率来说，台积电为 26.31%，约一般公司上限值 50% 的一半。

表 3－9　人的器官功能或生命体重指标与公司财务分析对比

器官	功能	财务对比	台积电（2016 年）
肺	呼吸空气	偿债能力	流动比率 241% ≥140%
肝胆	解毒、脂肪消化	经营能力	总资产周转率 0.53
胃肠	消化以获得热量	获利能力	权益报酬率 25.6% ≥ 8.1% 每股盈余 12.89 元≥2.33 元
心脏	提供血液	现金流量	现金流量比率 170% ≥ 100%
血压	收缩压≤120 舒张压≤90	财务结构	负债比率 26.31% ≤ 50%
肾脏	解毒	杠杆程度	营运杠杆度 2.15 倍 >1 倍
胰脏	空腹 3.9～6.1 毫摩尔/升	杠杆程度	应收账款周转率 <10 倍

表 3－10　台积电与联电偿债能力对比

偿还能力	台积电	联电	对比
短期偿债能力：流动比率	2014 年台积电把流动比率由及格标准稍微往下降低，预留一些流动资产以备其他投资。2016 年达 2.4 倍	流动比率基本维持在 1.9 倍（除 2016 年为 1.2 倍外），相比之下，联电的财务对流动比率的要求较高	流动比率大于 1.4 倍，短期偿债能力基本达标
短期偿债能力：速动比率	2011—2012 年，台积电速动比率维持在 1.4 倍，2013 年往上提高到 1.7 倍，2016 年为 2.41 倍	速动比率一直维持在 1.5 倍	流动比率在 1.4 倍以下才需要看速动比率
中期偿债能力：利息保障倍数	利息保障倍数在 100 倍以上，如果一年要还 1 元利息，有 100 元净利等着付款	联电一直维持在 16 倍	银行、公司债投资人非常关心公司的偿债能力，一般要求利息保障在 4 倍以上，两家公司皆远高于此

10－2 财务结构与偿债能力

如果房屋结构牢靠的话，七级地震“免惊”。公司的财务结构跟房屋的性质很像，以台积电来说，财务结构健全，因此银行、公司债投资人都“很安心”。本单元针对这两项来做说明，详见表3－11。

表3－11 2012—2016年台积电与联电财务结构

指标		2012年	2013年	2014年	2015年	2016年
负债比率≤50%	1. 台积电	24.78%	32.88%	30.01%	26.24%	26.31%
	2. 联电	27.74%	28.21%	28.17%	32.18%	44.43%
长期资金占固定资产比率≥100%	1. 台积电	131.63%	135.40%	158.16%	169.34%	157.17%
	2. 联电	148.00%	148.35%	155.02%	148.23%	124.00%

一、负债比率宜小于50%

台积电负债比率相对较低。

1. 台积电趋势分析

2012—2013年，台积电趁低利率大幅发行公司债，负债成长率比资产成长率高，负债比率提高。2014年，举债少，负债比率下降。

2. 2016年负债比率为26.31%

2016年负债比率连续第二年下降，主要是净利高，可清偿贷款和公司债，即分子变小，分母（资产）变大。

3. 台积电跟联电比较

以2015年为例，台积电负债比率比联电低5.94%。

二、长期资金占固定资产比率宜大于或等于1

在财务管理中，资金来源的配合原则之一是“期间配合”，简单来说，就是“长钱长用”“长钱短用”，就是不宜“短钱长用”。在“长钱长用”方面，台积电采取稳健的资金管理政策。

1. 台积电趋势分析

由于每年3,000亿元的净利，现金股息率为50%，保留盈余长期累积的话，长期资金会越来越多，固定资产成长速度有限，因此从2014年起，台积电长期资金占固定资产的比率维持在1.6倍水平。

2. 2016年长期资金占固定资产的比率为157.17%

净利大增，而资本支出跑得慢（连带固定资产），长期资金1.6元，比固定资产1元大。

3. 台积电跟联电比较

双雄的长期资金与固定资产比率相近，即1元固定资产，2016年台积电有

1.6 元长期资金支撑着，联电为 1.5 元。

表 3-12　2012—2016 年台积电与联电偿债能力

指标		2012 年	2013 年	2014 年	2015 年	2016 年
流动比率≥140%	1. 台积电	168.60%	188.90%	311.70%	351.86%	256.95%
	2. 联电	199.47%	184.21%	201.35%	196.53%	115.00%
速动比率≥100%	1. 台积电	142.39%	168.57%	278.03%	319.58%	241.34%
	2. 联电	161.00%	147.59%	151.00%	155.43%	115.00%
利息保障倍数≥4 倍	1. 台积电	177.92	82.41	94.34	110.84	117.74
	2. 联电	9.06	18.63	14.31	16.35	4.30

10－3 经营能力

“一分钟当两分钟用”是公司经营能力强的真实写照，一般工业（87%产值来自制造业）公司的“一分钱”指的是两项，本单元要说明台积电管理阶层的经营能力。

至于存货、应收账款、应付账款三科目的金额、比率（占营收）皆小，在品牌公司（如宏碁）需要深入分析。

一、制造业的关键绩效指标：机器周转率

依财务会计准则编制的财务分析中有一大类：“具行业特性的关键绩效指标”，有一项在资本密度产业中最常用，即产能利用率，一般及格标准为70%。

由于联电未公布产能利用率，本单元仅对台积电做说明。

1. 产能利用率90%以上是要求目标

台积电对产能利用率有较高的要求目标，一般在90%以上。

2. 产能利用率100%是扩厂指标

台积电把产能利用率100%视为扩厂指标，决策准则大抵是“不见兔子不放鹰”。

二、资产周转率

由固定资产周转率与固定资产比率可以推导出资产周转率，详见表3－14第二行。

1. 台积电趋势

台积电资产周转率有下滑趋势，原因是流动资产成长太快。但2016年台积电南京公司成立约需花费30亿美元，2017年投产后营收会成长5%，资产周转率会提高。

2. 台积电跟联电比较

由表3－13可见，在资产周转率方面，2012—2016年台积电均比联电高出约0.1。

表3－13 2012—2016年台积电与联电两项周转率对比

指标		2012年	2013年	2014年	2015年	2016年
一、资产周转率	公式	$=\frac{营收}{总资产}=\frac{营收}{固定资产}\times\frac{固定资产}{总资产}$ = 固定资产周转率×固定资产比率				
	1. 台积电	0.58	0.54	0.55	0.54	0.57
	2. 联电	0.41	0.43	0.46	0.45	0.41
二、固定资产周转率	1. 台积电	0.91	0.85	0.95	1.03	1.02
	2. 联电	0.77	0.77	0.85	0.82	0.72

三、固定资产周转率

固定资产包括三项：房地产、厂房和设备，这占台积电总资产的53%，占联电的58%。

1. 台积电趋势

由表3－13可见，台积电固定资产周转率呈微幅上升趋势，2015年为1.03倍，突破1倍，即1元固定资产创造1元营收。

2. 台积电跟联电比较

由表3－13可见，2016年台积电的固定资产周转率比联电高出30%，背后原因是联电的订单较少、固定资产利用率难以提高。

表3－14　两项周转率

损益表	资产负债表	财务指标
营收	一、流动 二、非流动 三、固定资产，包括三项 1. 房地产 2. 厂房 3. 设备	四类之7资产周转率 $=\frac{营收}{总资产}$ 四类之6固定资产周转率 $=\frac{营收}{固定资产}$

10－4 获利能力

2018 年，台股 1,600 家上市上柜公司获利能力（税前净利）约成长 2.24%（从 2.279 兆元到 2.33 兆元），算中上水平。营收 29.79 兆元，年减 0.21%。以此母体的表现来分析台积电的获利表现，获利能力有 7 个指标，常用的有 3 个，详见表 3－15。

表 3－15　2012—2016 年台积电与联电三项获利能力比较

指标			2012 年	2013 年	2014 年	2015 年	2016 年
一、损益表：纯益率	1. 台积电/%		32.78	31.49	34.58	36.34	35.27
	2. 联电/%		3.66	9.78	8.20	8.86	2.61
二、损益表与资产负债表	(一)权益报酬率	1. 台积电/%	24.68	24.00	27.86	27.04	25.60
		2. 联电/%	3.01	6.16	5.66	6.00	3.75
	(二)每股盈余	1. 台积电/元	6.42	7.26	10.18	11.82	12.89
		2. 联电/元	0.49	1.01	0.97	1.08	0.68

一、损益表：纯益率

仅看作生意的损益表方面的获利能力，以设计代工业来说，台积电的纯益率超过 30%，可以说水平很高。

1. 台积电的趋势分析

台积电从 2013 年起至 2015 年，纯益率每年进步 2%，主要是先进制程（28 纳米以下）占营收比重大，制程好，因此可定出较高的价格（例如一片晶圆 2,000 美元）。

2. 台积电跟联电比较

在纯益率方面，台积电是联电的 3 倍以上，主要是台积电的毛利率为 50%、联电为 22%，台积电平均单价较高，制程约比联电领先一年。

二、损益表与资产负债表（一）：权益报酬率

股东关心的是权益报酬率，及格标准是一年期定期存款利率（1.04%）加 6%（权益溢酬），约为 7.1%。

1. 台积电趋势分析

台积电董事长张忠谋认为一流全球企业的权益报酬率为 20%，台积电达标。

2. 台积电跟联电比较

以权益报酬率来说，台积电是联电的 5 倍以上，联电权益报酬率一向低于股东的必要报酬率。

三、损益表与资产负债表（二）：每股盈余

股票投资人习惯关心每股盈余，乘以本益比便可计算出合理的投资价位，以此

作为买卖股票的重要依据。

1. 台积电趋势分析

由表3－15可见，台积电权益报酬率由2012年的24.68%微升至2016年的25.60%，但每股盈余由6.42元大增至12.89元。原因在于权益变大，但股本5年不动（2,593亿元），采取现金股利的股利政策。

2. 台积电跟联电比较

在每股盈余方面，台积电领先联电的倍数越来越大，联电低于上市公司平均值（2.4元），联电股本可减资，以让每股盈余达到平均值。

知识维生素

台积电与联电的每股盈余

股票投资人最关心公司的获利能力，尤其是其中的每股盈余与权益报酬率。这是属于投资管理课程范畴的，此处简单说明。

1. 两种获利能力仅"知其一不知其二"。

站在股票投资人的角度，有人主张仅将权益报酬率作为选股标准，每年《今周刊》等媒体都会有一期，挑选出120只股票，说明其投资报酬率高。

权益报酬率、每股盈余只能筛选出绩优股，但以常见的性价比（PC值）来说，仍需考虑股价是否太高（远高于合理投资价位）。

以汽车为例，奔驰、宝马（俗称"双B"）的机械性能极高，但丰田汽车在台湾市场的占有率为33%，原因是Altis（丰田卡罗拉第八代）的性价比高，宝马汽车同级车售价至少是丰田汽车的2倍以上。

2. 只看每股盈余、本益比即可。

每股盈余加上本益比，可得到合理的投资价位，跟实际股价（俗称"市价"）相比，可作为买卖依据。

3. 2017年5月前台积电的投资价位是230元。

10－5 现金流量比率与杠杆程度

对一家每股盈余在3元以上的公司，损益表跟现金流量表的差异不大，我们习惯只看损益表与相关指标。

基于分析的完整，本单元会说明台积电现金流量类3个指标中的2个。

一、现金流量比率越大越好

这是“现金版”的流动比率，可以一种方式衡量偿债能力的高低。

1. 台积电趋势分析

2016年台积电流动比率为2.05倍，即每1元的流动负债有2.05元的营业活动净现金流量支撑着，以流动比率1.4倍为常见及格标准来说，台积电的现金流量比率很好。

2. 台积电与联电比较

在现金流量比率方面，如表3－16所示，2016年台积电是联电的2倍多，台积电的自我融资能力较强，即本业的现金流量更能支撑投资现金流出（主要指资本支出）。

表3－16 2012—2016年台积电与联电的现金流量比率及现金流量允当比率

年份	现金流量比率（倍）		现金流量允当比率（倍）	
	台积电	联电	台积电	联电
2012	191.93	100.69	94.71	64.49
2013	183.05	90.00	88.35	86.40
2014	209.70	93.10	92.15	90.40
2015	249.67	124.45	103.82	89.02
2016	169.63	64.53	108.57	75.74

二、现金流量允当比率越大越好

以5年（2012—2016年）来衡量公司现金流量是否适当：

（1）台积电趋势分析。

（2）以2016年来说，台积电此值108.57倍已大于1，表示营业活动净现金流量108.57元可支撑1元的支出（包括流动资产面的现金股利、存货增加与非流动资产面的资本支出）。

（3）台积电与联电比较：两家公司在这方面很接近，尤其是后者，2016年数值约75%，原因是资本支出大。

三、杠杆程度越低越好

1. 台积电趋势分析

2013年营业杠杆程度是2.46倍，2014年往下滑，数字越低越好，表示分子

（固定成本及费用）跑得比分母（营业净利）慢。

2. 2015 年情况

2015 年台积电营业杠杆程度为 2.26 倍，相比 2014 年稍有增长。主因是固定资产的摊提折旧费用（即营业杠杆公式的分子）成长幅度大于营业净利。

3. 台积电与联电比较

2016 年联电营业杠杆程度近 18 倍，即 18 元固定成本才带进 1 元纯益，约是台积电的 8.27 倍。

四、财务杠杆程度越接近 1 越好

财务杠杆程度是指纯利跟息后纯利的比率，越接近 1 表示利息越微不足道。

1. 台积电趋势分析

台积电财务杠杆年年 1.01 倍，且接近 1，表示利息费用跟纯利相比极低。

2. 2016 年 1.01 倍

1.01 倍会变成常态。

3. 台积电与联电比较

2015 年联电的财务杠杆为 1.05 倍，跟台积电相近。

表 3-17　2012—2016 年台积电与联电的杠杆程度

年份	营业杠杆程度（倍）		财务杠杆程度（倍）	
	台积电	联电	台积电	联电
2012 年	2.32	93.24	1.01	2.16
2013 年	2.46	21.67	1.01	1.17
2014 年	2.15	9.82	1.01	1.07
2015 年	2.26	9.78	1.01	1.05
2016 年	2.15	17.77	1.01	1.25

知识维生素

人的肾脏＝台积电的杠杆程度

公司风险分成以下两项，台积电这两项概率值皆在 1% 以下：

（1）营运风险：以营业杠杆程度衡量，越低越好。

台积电的固定成本是营业利益的 2.3 倍，可以说，2.3 元固定成本支撑 1 元的纯益。

（2）财务风险，以财务杠杆程度衡量，越接近 1 越好。

由于台积电有息负债（公司债与贷款）金额小、利率低，所以利息费用占营收的 0.35%，跟纯益率 34% 相比微不足道。财务风险概率为 1%。

Date ______ /______ /______

第四篇 财务比率分析专论

第 11 章　财务比率一类财务结构
——公司股东会与董事会
第 12 章　财务比率二类偿债能力
第 13 章　财务比率三类经营能力Ⅰ
第 14 章　财务比率三类经营能力Ⅱ
第 15 章　财务比率四类获利能力
第 16 章　财务比率五类现金流量
第 17 章　财务比率六类杠杆程度
——营业风险和财务风险的衡量

第 11 章
财务比率一类财务结构
——公司股东会与董事会

11－1　股东会与董事会负责的财务指标
11－2　财务结构
11－3　负债比率
11－4　台积电的负债比率
11－5　长期资金占固定资产比率
11－6　台积电的长期资金占固定资产比率

11－1 股东会与董事会负责的财务指标

本单元是全景中近景的局部放大，主要说明股东会、董事会负责的财务管理类的两种财务指标。

一、股东会负责的一类财务指标：财务结构

俗语说：“有钱出钱，有力出力。”在公司中股东负责出钱，董事会、管理层负责出力（脑力和劳力）。因此，一类财务结构由股东会负责。

1. 资产负债表之负债比率

负债比率由股东会负责。

2. 特写

由长期资金占固定资产比率细项来看资产中非流动资产的固定资产（会计科目房地产、厂房与设备）有多少长期资金撑着。

二、董事会负责的二类财务指标：偿债能力

在“货币银行学”课程中有一章是讨论银行的负债管理，这对银行业很重要，在财务管理中沿用其观念，主要是衡量公司的偿债能力。依财报可分为两种：

1. 举债前：损益表方面，利息保障倍数

资产负债表中资金来源分为负债和业主权益。取得负债资金称为“举债”（一般是指向银行贷款，另外是发行公司债）。在举债时，债权人会计算公司的利息保障倍数，以衡量公司的还款能力。

利息保障倍数的观念比较像速动比率，详见单元 12－6。现金保障倍数的观念比较像流动比率，详见单元 12－3。表面上由财务部负责。

2. 举债后：资产负债表

举债后，公司董事会、财务部必须维持每天足够的流动资产以偿付流动负债。要是转不来，称为“周转不灵”。要是在走钢索阶段，俗称“跑三点半”，须筹钱以在每天下午三点半银行停止收付前把钱存进账户，以免开出去的支票跳票。

小博士的话

《会加减乘除就看得懂财务报表：10 堂中小企业财报特训》一书出版

时间：2016 年 10 月 6 日

地点：中国台湾台北市

人物：唐恩·富托普勒

事件：本书号称能轻松教你看数字、懂盈亏，掌握获利逻辑

表 4－1　与公司财务健全相关的两种财务指标

一、财务结构	资金去路面（B/S 左边）	资金来源面（B/S 右边）
负责单位：股东会	一类财务结构之 2 长期资金占固定资产比重 $=\frac{长期资金}{固定资产}=\frac{长期负债+业主权益}{房地产、厂房与设备}$	一类财务结构之 1 负债比率 $=\frac{负债}{资产}=\frac{D}{A}$
二、偿债能力	**举债前计算举债能力**	**举债后计算还债能力**
负责单位：董事会	二类偿债能力之 3 利息保障倍数 $=\frac{EBIT}{I}$ 现金保障倍数 $=\frac{EBITA}{I}$ 另外，还有以 *EBITA* 取代 *EBIT*，对比上述公式，分子多出一个 *A*（即分摊费用，本质是营业活动净现金流量）	二类偿债能力之 1 流动比率 $=\frac{流动资产}{流动负债}=\frac{CA}{CD}$ 二类偿债能力之 2 速动比率 $=\frac{速动资产}{流动负债}$ $=\frac{流动资产-存货等}{流动负债}$ $=\frac{QA}{CD}$

知识维生素

台积电市值排全球第 45 名

时间：2017 年 6 月 28 日

机构：资诚联合会计师事务所

事件：据“全球市值百大企业排名”，台湾公司唯有台积电进榜，市值 1,610 亿美元，位列第 45 名，名次比 2016 年进步 3 名，市值增加 310 亿美元。该报告是依 3 月 31 日收盘价计算所得

以下是本书 2017 年 8 月计算所得

股票市值＝股价×股数

＝210 元×259.3 亿股

＝54,453 亿元

以 1 美元兑 31.5 元计算

股票市值＝54,453 亿元÷31.5 元

＝1728.7 亿美元

11－2 财务结构

一类财务比率是财务结构。

一、复习资产负债表

你家的财产有多少？以房屋为例，购入价是 1,000 万元，银行贷款 800 万元，自备款 200 万元，这就是你家的资产负债表，公司资产只是金额较大而已。

1. 资产负债表的资金来源

有资金才有钱买资产，所以在说明资产负债表时，宜先说明资金来源，公司资金来源有二：借来的钱（负债）、自己的钱（业主权益）。

2. 资产负债表的资金去路

由表 4－2 可见，公司有 100 亿元，如何在流动资产、非流动资产之间进行资产配置。

表 4－2　2017 年 A 公司资产负债表

资金去路	资金来源	资金结构
资产（A）	负债（D）40 亿元	$\frac{D}{A}=\frac{40\text{亿元}}{100\text{亿元}}$ = 负债比率/%
100 亿元	业主权益（E）60 亿元	$\frac{E}{A}=\frac{60\text{亿元}}{100\text{亿元}}$ = 自有资金比率/%

二、必须为资金结构正名

本段说明一类财务结构中的财务结构的本意。

1. 什么是财务结构

大家乍看财务结构可能不知所云，看了其内容，就知道是资金结构。

2. 通常称为“资金结构”

当财务管理书中提到资产负债表（如表 4－2 所示）的时候，指的是公司的资金来源，所以才会计算资金成本。

三、资金结构

资金结构的分解，以代表公司为例，大致如下：

（1）一类之 1：

负债比率 40%。

由表 4－2 可见，公司负债比率为 40%，表示资产中有 40% 是借来的钱。

自有资金比率 60%。

由于结构各成分加总是 100%，因此在负债比率为 40% 的情况下，公司自有资金比率为 60%。

（2）一类之 2：

资产负债表（见表 4－2）第二列指的是资金来源。

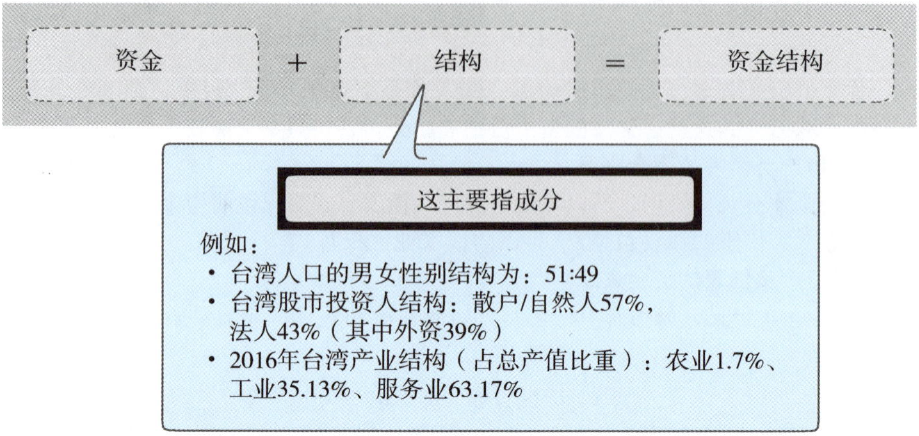

图 4－1　公司资金结构分解

知识维生素

张忠谋的“年报中致股东书”

时间：2016 年 4 月 18 日

地点：中国台湾新竹市

人物：张忠谋

事件：张忠谋表示，无论科技产品如何更替起落，半导体已成为一项基础且普遍的技术，决定我们生活的样貌。包括智能汽车、无人机、机器人、虚拟实境/扩增实境、人工智能与穿戴式装置等各式连接或智能组件的兴起，大幅提高了处理器速度与功能的需求。

11－3 负债比率

你首次买房子1,000万元，自备款200万元，银行贷款（一般简称“银贷”）800万元，俗称自备款率20%、银贷80%，这是生活中最常碰到的负债比率，公司负债比率的观念也是一样的。

一、负债比率

负债比率有时有“换句话”的说法，常见有两种情况：

1. 在进行股票投资中的融资里，称为“担保维持率”

在融资交易时，有担保维持率120%的规定，取其倒数83%，即自备款为83%、融资比率为17%。

2. 在金融业称为“杠杆倍数”

票券业的杠杆倍数是12.5倍，即权益8元最多可做100元的票券“保证”，取其倒数，权益除以担保金额至少是8%，也就是负债比率最高为92%。

二、公司代理理论的主张

针对负债比率的高低，相关理论如下。

1. 负债比率50%是代理问题红线

套用公司代理相关理论，一旦公司负债比率超过50%，公司资产有一半以上来自债权人（例如银行），此时，公司董事会便有较强烈的动机掏空公司资产，以剥削债权人。因此，银行都会将借款公司负债比率50%设为红线。

2. 少数行业例外

有原则就有例外，详见以下说明。

三、各行各业的负债比率

财务比率中有一些有硬指标（例如流动比率大于1.4倍），但许多是因行业而异的，负债比率便是。

1. 银行业最重要的资本：客户的信任

银行业是靠别人钱（OPM）赚钱的行业，本质是资金“批发”（指企业金融）、“零售”（指消费金融）业，吸收存款户的存款，再把存款的80%放款给借款户。银行的负债比率为92%，可以说是所有行业中最高的。

2. 资本密集型行业的负债比率不高

资本密集行业主要有石油化工、钢铁、水泥、汽车等，由表4－4可见，只有石化行业的负债比率为50%，电子类等电子代工行业为60%。

3. 营建业负债比率低

在我们的刻板印象中营建业是以小公司为主，“以地养地”“以案养案”，即负债比率在70%以上。上市营建公司中只有皇翔等几家负债比率较高，老牌营建公司负债比率比较低。

表 4－3 负债比率公式

负债比率 $=\dfrac{负债}{资产}$
举例：$40\% = \dfrac{40\ 亿元}{100\ 亿元} \times 100\%$

表 4－4 几种重点行业的负债比率及代表公司

负债比率/%	行业	代表公司
90	金融	富邦金控
	金控	
	银行	彰化银行
80	航空	长荣航空
	营建	皇翔
60	电子类等电子代工	广达
50	石化	台塑化
30	钢铁	中国钢铁
20	饭店	国宾饭店
8	电子类：芯片设计	联发科技

知识维生素

台积电的名字怎么来的

时间：2011 年 2 月 23 日

地点：中国台湾台中市，台中科学博物馆启用台积电文教基金会捐赠的半导体的世界展馆

人物：张忠谋

事件：张忠谋说了一段鲜为人知的事。1986 年，公司登记注册时，原要登记为“台湾半导体公司”，但已被人先用了，只好用“台湾集成电路公司”

塞翁失马，焉知非福。公司被股市简称为“台积电”，听起来还不错，假如是台湾半导体公司，可能被股市简称为“台导”或“台半导”，因“导”与“倒”同音，不见得会是一个好名字。

（摘自《工商时报》，2011 年 2 月 24 日，A3 版）

11－4 台积电的负债比率

台积电的负债比率为26%，跟大部分上市公司很像，这不太像中国台湾地区净利最高的公司，本单元对此做说明。

一、趋势分析

从趋势来看，台积电的负债比率有个分水岭。

1. 2009 年负债比率为 10%

2008 年 9 月 15 日至 2009 年，全球金融海啸爆发，欧美银行等放款能力受挫，台湾地区没有这类问题，台积电累积多年盈余，入多出少，有钱就还债，负债比率只有 10%。

2. 2010—2014 年负债比率在 30%左右

2010 年全球经济复苏，台积电扩大资本支出，又为了达到权益报酬率下限 20%的目标，在股本形成方面略有节制，避免盈余被稀释。

由于美国采取低利率政策，全球掀起一片低利风，由表 4－6 可见，从 2011 年起，台积电三次发行公司债，以降低资金成本。

如此一来，2010—2013 年负债成长率便高于权益成长率，2013 年负债比率为 33%。

表 4－5　2016 年台积电资产负债表及负债比率

2016 年资产负债表		2016 年台积电负债比率
资产	负债	$26.31\% = \dfrac{4,964\text{ 亿元}}{18,864\text{ 亿元}}$
18,864 亿元	4,964 亿元	
	权益	
	13,900 亿元	

表 4－6　台积电公司债发行

时间	2002 年	2011 年	2013 年	2013 年 3 月
金额	150 亿元	180 亿元	214 亿元	15 亿美元
发债原因	/	低利率	/	在国外购买机器，免除汇兑风险
债别	/	无担保	无担保	无担保

二、2016 年负债比率为 26.31%

- 分子负债由 0.4349 兆元到 0.4964 兆元，负债微幅增加，主因是偿还公司债 217 亿元，公司债占负债的一半。

•分母资产由1.657兆元到1.8864兆元，资产增加，主因是公司实现净利3,233亿元，其中49%流入非流动资产中的房地产、厂房及设备。

三、台积电与联电比较

表4-7是台积电与联电负债比率对比。

1. 趋势分析

2012—2014年联电的负债比率平均约为27.87%。

2. 2016年联电负债比率为43.43%

主要是发行6亿美元（约200亿元）的海外转换公司债（利率1.625%），以致负债成长率（55%，从1,085亿元到1,679亿元）大于资产成长率（14.6%，从3,374亿元到3,867亿元）。

表4-7　2012—2016年台积电与联电负债比率对比（%）

公司	2012年	2013年	2014年	2015年	2016年
台积电	24.78	32.88	30.01	26.24	26.31
联电	27.24	28.21	28.17	32.18	43.43

知识维生素

台湾半导体业的远虑近忧

时间：2016年4月22日

地点：中国台湾新竹县竹东镇“工研院”产经研究中心（IEK）举行“2016台湾制造业景气展望”记者会

人物：钰创董事长、半导体产业协会理事长卢超群

事件：卢超群表示，中国各地政府不断加码投资半导体业，加码幅度比想象中的大，预期未来5～10年内，“变”是产业不被淘汰的真理，尤其是英特尔宣布启动近10年最大规模的裁员行动，此事非同小可。

台湾半导体产业有近虑更有远忧，半导体成长仅台积电一枝独秀，联发科、日月光等都面临挑战。

（整理自《经济日报》，2016年4月23日，A3版）

11－5 长期资金占固定资产比率

一类财务比率中的长期资金占固定资产比率是用于衡量一家公司的“长钱”是否足够的指标。

一、财务管理观念

长短期资金的用途跟高尔夫球杆类似。

（1）长钱长用：长期所需资金（主要是买房地产、机器），最好用长期资金支付。如同打高尔夫球开球时，用大球头的木杆一样，往往可超过200码（1码≈0.914米）。

（2）短钱短用：短期所需资金（例如买料），可用短期资金（例如流动负债）支付，判断准则是流动比率、速动比率。以打高尔夫球来说，打100码左右用铁杆，在果岭上30码以内用推杆。

二、分子：长期资金

资产负债表中对资产、负债依到期日细分。

（1）以1年为分水岭：以1年内到期区分资产为流动资产、非流动资产；区分负债为流动负债、非流动负债。

至于业主权益则是公司股东出的钱，视为“要用多久就用多久”。

（2）长期资金的定义：由资产负债表中的资金来源，可看到非流动负债加上业主权益称为“长期资金”，至少可用1年以上。

三、分母：固定资产

“固定资产”是个旧名词，新名词为“房地产、厂房及设备”，本书以“房地产”取代“不动产”一词，是想尽可能用正面的文字来说话、写作。碍于新名词太长，所以在财务比率分析时仍用“固定资产”一词。

房地产、厂房都是搬不走的，设备分两种：

（1）工厂的机器设备，大部分固定在地板上，以免震动。

（2）办公室的设备（简称“办公设备”），如复印机等比较好搬。

四、长期资金占固定资产比率

长期资金占固定资产比率为衡量“长期资金的需求1元，有多少长期资金供给可支撑”。

表 4－8　长期资金占固定资产比率公式

公式	$长期资金占固定资产比率=\frac{非流动负债+业主权益}{固定资产}$

表 4－9　资产负债表：固定资产和长期资金位置

资产	负债
流动资产	流动负债
非流动资产	非流动负债
房地产、厂房及设备（即固定资产）	业主权益（长期资金）

知识维生素

台积电的制程技术

时间：2016 年 4 月 18 日

地点：中国台湾新竹市

人物：张忠谋

事件：2015 年台积电达成的四大里程碑：

① 12 英寸晶圆出货 876.3 万片，年增长 6.1%。

② 提供 228 种制程技术，为 470 位客户生产 8,941 种不同产品。

③ 28 纳米以下先进制程占晶圆营收比重达 48%，优于 2014 年的 42%。

④ 在晶圆代工市场中占有率连续 6 年上升。

11－6 台积电的长期资金占固定资产比率

台积电的长期资金占固定资产比率为150%，比大部分制造业低，因为晶圆厂、面板厂的投资金额极大。

一、趋势分析

由历年资产负债表可见，分析台积电的固定资产占资产比率宜先从资产面介入，再看资产与资金来源面。

1. 固定资产占资产比率

台积电是晶圆代工公司，晶圆厂房设备金额大，2015 年为 52%、2016 年为 53%，微幅上涨，原因是固定资产金额增加了 1,400 亿元，显示公司大幅扩厂，以致资产大幅成长。

2. 长期资金占固定资产比率

由表 4－10 可见，台积电此比率逐年微幅变大，但也只是 1.6 倍左右，足见台积电固定资产金额之大。

表 4－10 2016 年台积电长期资金占固定资产比率

$$1.5808\text{倍}=\frac{1,782+13,991}{9,977.7}=\frac{\text{非流动负债}+\text{业主权益}}{\text{固定资产}}$$

二、2016 年情况

2015 年台积电长期资金占固定资产比率为 169.34%，但 2016 年微幅下滑至 157.17%，原因为台积电在江苏省南京市斥资 30 亿美元设立了 12 英寸晶圆厂，预估只占营收的 2.5%。

三、台积电与联电比较

由表 4－11 可见，2014 年后台积电此比率略高于联电。

1. 趋势分析：2012 年联电陡降

2011 年联电此比率为 1.7 倍，2012 年大幅扩厂，固定资产金额变大，此比率下降到约 1.48 倍。

2. 2016 年联电为 1.24 倍

2016 年，联电大幅扩厂，分子不变，分母大增。

表 4－11 2012—2016 年台积电与联电长期资金占固定资产比率（%）

公司	2012 年	2013 年	2014 年	2015 年	2016 年
台积电	131.63	135.40	158.16	169.34	157.17
联电	147.98	148.35	155.02	148.23	124.00

小博士的话

EUV 微影制程的布局

英特尔、台积电、三星布局 EUV 一览

企业	英特尔	台积电	三星
EUV 导入制程	7 纳米开始大量采用	7 纳米量产后一年导入部分制程，5 纳米大量采用	7 纳米采用浸润式及 EUV 双轨布局，10 纳米 DRAM 采用
导入时间点	2018—2019 年	2019 年	2018—2019 年
EUV 技术进度	2016 年成果：每天 EUV 曝光晶圆数目标达 1,500 片，连续 4 周平均机台可使用率逾 80% 2017 年成果：每天 EUV 曝光晶圆数目标为 3,000 片，机台可使用率超过 90%		

资料来源：《工商时报》，2017 年 2 月 13 日，A8 版

知识维生素

鸿海的长期资金占固定资产比率

1. 鸿海。

自 2003 年以来，鸿海是台湾地区营收最大的公司，本业是电子产品代工，属于资本密集兼劳力密集型公司，以 2016 年来说，此比率为 3.23 倍，即 1 元固定资产就有 3.23 元长期资金撑着。

2. 此比率至少大于 2。

套用流动比率应大于 1.4 倍的观念，长期资金占固定资产比率也一样。

表 4－12　2016—2020 年台积电的技术蓝图

时间：2017 年 4 月 24 日
地点：中国台湾新竹市
人物：台积电董事长张忠谋
事件：致股东书，针对技术蓝图

纳米 28% 以下占营收比重	2016 年	2017 年	2018 年	2019 年	2020 年
	55%	60%	65%	70%	75%
16%	12 月量产	照 12 纳米制程搭配下半年度全力生产			
10%		4 月试产	量产上半年试产		
7%				7/5 纳米试产	
5%					量产
工厂		10：中科 Fab 15，第 5～6 期	7：中科 Fab15，第 7～9 期	5：南科 Fab 14，第 9 期	

Date ______ / ______ / ______

第 12 章
财务比率二类偿债能力

12－1　偿债能力快易通
12－2　台积电的偿债能力
12－3　流动比率
12－4　台积电的流动比率
12－5　速动比率
12－6　台积电的速动比率
12－7　利息保障倍数
12－8　台积电的利息保障倍数

12－1 偿债能力快易通

二类财务比率偿债能力有三个指标，本章详细说明。

一、偿债能力

债权人最关心债务人的偿债能力，以确保债权的安全。公司（债务人）也战战兢兢以维持偿债能力在及格水平以上。

1. 偿债能力的衡量

跟人的血压一样，当出现低血压情况时，人很容易晕倒、中风。同样地，公司偿债能力可以从损益表和资产负债表中看出来。

2. 英文

偿债能力（solvency）的英文写法在台湾不常用，常见于外币贷款、债券发行时，涉及债权人的权利、债务人的义务。

二、偿债能力的比率分类

人每日摄取的热量大于消耗的热量时，才能维持身体运作所需，3 天入不敷出，身体会转而向脂肪、肌肉套取热量，14 天以上没进食，便有死亡之虞。以下，我们来看公司的偿债能力。

1. 损益表

损益表代表公司当期（季、半年、年）的赚钱能力，在正常营运的情况下，要付利息应该是绰绰有余的。由表 4－13 可见，只需损益表上两个会计科目就可计算出利息保障倍数。

表 4－13　偿债能力的分类

<table>
<tr><th>对象</th><th>流量</th><th>存量</th></tr>
<tr><td>一、人体</td><td>人体体重每千克每日需 300～400 卡路里热量
如 70 千克男性，每日需 2,100～2,800 卡路里热量</td><td>人体累积 7,700 卡路里多余热量才能增加 1 千克体重</td></tr>
<tr><td>二、公司</td><td>损益表
利息保障倍数 = $\frac{税前净利+利息}{利息}$
<table><tr><th>损益表</th></tr><tr><td>利息</td></tr><tr><td>税前净利</td></tr></table></td><td>资产负债表
流动比率 = $\frac{流动资产}{流动负债}$
速动资产 = $\frac{速动比率}{流动负债}$
<table><tr><th colspan="2">资产负债表</th></tr><tr><td>资产</td><td>负债</td></tr><tr><td>流动资产</td><td>流动负债</td></tr><tr><td>速动资产</td><td></td></tr></table></td></tr>
</table>

2. 资产负债表

要是公司损益表有亏损，公司偿债能力的第二道防线便是资产负债表，广义的为资产大于负债；狭义的标准有两种：流动比率大于1.4倍、速动比率大于1倍。

三、内外有别

公司内、外部人士看财报频率不同：

（1）外部人士只能看到季报。

（2）内部人士能看到月报。

每月5日，公司会计部把财务报表做出来，财务长会向董事长说明公司的偿债能力。

知识维生素

张忠谋获得远见奖

时间：2014年12月4日

地点：中国台湾台中市中兴大学

人物：张忠谋

事件：国际光电工程学会颁发远见奖给台积电董事长张忠谋，表彰其以高科技专业集成电路制造服务经营模式，为全球半导体产业带来新面貌。

远见奖为国际光电工程学会所颁发的全球性重要奖项，该学会表示，张忠谋不仅为中国台湾的半导体产业带来革命性的变革，也改变了全球半导体产业的产业链结构，其贡献与专业为他赢得“专业集成电路制造服务教父”与“台湾半导体之父”的美誉。

（整理自《工商时报》，2016年12月5日，A5版）

12－2 台积电的偿债能力

在本书中，每次介绍一类指标，都会以台积电 2016 年的数据来说明如何计算，这算近景；在各项指标中，才会详细说明，这算特写。

一、损益表：利息保障倍数

由表 4－14 可见，2016 年台积电支付了 33 亿元利息，损益表上有 3,860 亿元的“税前净利＋利息”来还。换句话说，要还 1 元利息，就有 117 元的“税前净利＋利息”支撑着。

表 4－14　2016 年台积电偿债能力

偿债能力指针	2016 年财报数字与补充
流动比率/% $=\frac{\text{流动资产}}{\text{流动负债}}$	1. 二类之 1 256.95% $=\frac{8,177.3}{3,182.4}$
速动比率/% $=\frac{\text{流动资产}-\text{存货}-\text{预付账款}}{\text{流动负债}}$ 分子又称“速动资产”	2. 二类之 2 241.34% $=\frac{8,177.3-486.8-10.1}{3,182.4}$
利息保障倍数/倍 $=\frac{\text{所得税及利息费用前纯益}}{\text{利息}}$	3. 二类之 3 117.75 倍 $=\frac{3,859.6+33.06}{33.06}$

注：10.1 在财报中尚未揭露，这是本书的补充

本书计算方式 $=\frac{\text{税前净利}+\text{利息}}{\text{利息}}$

二、资产负债表：流动比率、速动比率

1. 流动比率大于 1.4 倍，相对安全

台积电流动比率为 3.52 倍，要付 1 元的流动负债，就有 3.52 元的流动资产支撑着，大于 1.4 倍的安全门槛甚多。

2. 速动比率大于 1 倍，几乎安全

只有当流动比率小于 1.4 倍时，才会去看速动比率，这跟医生用听诊器初步检查一样，若有异样，则再进行 X 光、核磁共振等检查。

台积电速动比率为3.2倍，要付1元流动负债，就有3.2元速动资产支撑。速动资产中的“速”，如生活中常见的警察的快速打击部队，一经呼叫，5分钟内必须到达指定地点，以排除民众纠纷。

小博士的话

韩国三星集团小档案

成立时间：1938年3月22日

创办人：李秉喆

地址：韩国首尔市瑞草区的三星城

三星电子简介

成立时间：1969年

成立城市：韩国水原市

2020年目标：启发世界，创造未来

营收：2016年达29.5兆韩元（+0.44%），约1,777亿美元

净利：2016年达29.24兆韩元（+10.7%），约25.8亿美元

电子类子公司：三星显示、三星康宁

员工人数：约32万人

知识维生素

2012—2016年鸿海偿债能力

年份	2012年	2013年	2014年	2015年	2016年
流动比率/倍	1.23	1.33	1.48	1.69	1.54
速动比率/倍	0.94	1.09	1.18	1.28	1.22
利息保障倍数/倍	13.31	17.76	12.72	11.55	12.02

由表可见，鸿海5年内有2年流动比率低于1.4倍，有1年速动比率低于1倍。

12-3 流动比率

资产负债表中的偿债能力最常见的是流动比率，乍看不知道“流动”是什么，看了资产负债表后，不需要提示，许多人会推理出流动比率的公式。

一、流动比率的含义

大部分“比率”“倍数”的含义都是分子是分母的百分之几、几倍，依流动比率及格标准 1.4 倍来说，称为“流动倍数”更贴切。

流动倍数 1.4 倍是指一年要还负债 1 元，公司流动资产有 1.4 元，显示流动资产够还流动负债。

二、流动比率的衡量

流动比率的公式可能是所有财务比率公式中最容易懂的，因为从资产负债表中一眼就可以看到下列内容：

1. 分子：流动资产

资产分为流动资产、非流动资产，这是依资产的耐用年限来分的。

2. 分母：流动负债

负债分成流动负债、非流动负债，也是依负债的到期年限来分的。流动资产、流动负债的明细在单元 12-4 中以台积电的情况进行了说明。

3. 及格标准为 1.4 倍

流动比率及格就好，也有人说及格标准是 2 倍。

4. 英文名词

流动比率、流动资产与流动负债的交集是“流动”，其英文单词 current 很常用，可参见“小博士的话”。

小博士的话

流动小档案

current	adj.	流动的，现在的，current account 活期存款
currency	n.	水流、电流
	n.	货币（纸币），hard currency 硬币

表 4－15　流动比率公式

$$流动比率=\frac{流动资产}{流动负债}$$

表 4－16　资产负债表　　单位：亿元

资产　100	负债　40
流动资产　30	流动负债　15
速动资产 现金 金融资产	
应收账款	
存货	
预付账款	
其他	非流动负债　25
非流动资产	业主权益　60

知识维生素

2016 年鸿海的流动比率

2016 年的偿债能力计算如下：

$$流动比率=\frac{1.9312\ 兆元}{1.2526\ 兆元}=1.54\ 倍$$

$$速动比率=\frac{(1.9312-0.3873-0.013)\ 兆元}{1.2526\ 兆元}$$

$$=\frac{1.5309\ 兆元}{1.2526\ 兆元}$$

$$=1.222\ 倍>1\ 倍$$

鸿海的营运资金管理绷得很紧，因净利达 1,487 亿元，随时可向银行借钱周转。

12－4 台积电的流动比率

台积电是台湾盈余最高的公司，现金与约当现金第二高，由于财务部强调营运资金稳健，所以流动比率略高，本单元做具体说明。

一、趋势分析

由表 4－17 可见，以流动比率 1.4 倍作为及格标准，2011 年、2012 年、2013 年台积电流动比率略高于及格标准，主因在于流动负债中有 47% 是应付工程及设备款（例如 2013 年为 900 亿元）。

2014 年，应付工程及设备款大减（270 亿元），只占流动负债的 13%。流动资产成长率大于流动负债成长率，所以流动比率达到 310%。

表 4－17　2011—2016 年台积电与联电的流动比率（%）

公司	2011 年	2012 年	2013 年	2014 年	2015 年	2016 年
台积电	192.52	168.60	188.90	311.70	351.86	256.98
联电	197.47	199.47	184.21	201.35	196.53	153.00

二、2016 年情况

2016 年流动比率为 257%，比 2015 年的 350% 减少了 27%。由表 4－18 可以看出流动资产、流动负债金额和明细。

1. 流动资产 8, 177 亿元

流动资产中 66% 是“钱”（现金及约当现金）。

2. 流动负债 3, 182 亿元

流动负债中较迫切的有两项：举债（短期借款和长期负债到期）、应付工程及设备款。

三、台积电与联电比较

由表 4－17 可见，2016 年台积电流动比率是联电的 1.68 倍。

$$2016\text{ 年台积电流动比率} = \frac{\text{流动资产}}{\text{流动负债}} = \frac{8,177\text{ 亿元}}{3,182\text{ 亿元}} = 256.98\%$$

小博士的话

张忠谋最重视的数字：产品平均单价

时间：2016 年 10 月 26 日

地点：中国台湾台北市

人物：张忠谋

事件：2011 年时，张忠谋认为产品平均单价（ASP，俗称“客单价”）是衡量台积电竞争力兴衰的重要指标，因为它象征公司的议价能力。如果台积电高单价的先进制程抢下更多市场，或者提供更符合客户需求的产品、服务，让客户愿意掏出更多钱，都会拉高客单价。

（整理自《天下杂志》，2016 年 10 月 26 日，第 90 页）

表 4－18　流动资产、流动负债的成分　　单位：亿元

流动资产	**8,177.0**
现金及约当现金	5,412.0
透过损益按公允价值衡量之金融资产——流动	64.0
备供出售金融资产——流动	678.0
持有至到期日金融资产——流动	166.0
应收账款及票据	1,283.0
其他应收款	12.0
存货	487.0
待出售非流动资产	/
其他金融资产——流动	41.0
其他流动资产	34.0
流动负债	**3,182.0**
短期借款	578.5
透过损益按公允价值衡量之金融负债——流动	1.9
避险之衍生金融负债——流动	/
应付账款及票据	261.0
其他应付款	12.6
应付薪资及奖金	137.0
应付员工/董事酬劳	229.0
应付工程及设备款	632.0
当期所得税负债	403.0
负债准备——流动	180.0
与待出售非流动资产直接相关之负债	/
一年内到期长期负债	381.0
应付费用及其他流动负债	366.0

12-5 速动比率

你有没有看过“大甩卖”“租金到期大减价”的商品促销广告？一件不留的出清情况，往往打三折卖才能引起抢购，看似亏本卖，但至少比请垃圾车运走强。

同样的道理，在计算流动比率时，分子是流动资产，其中包括两项流动性（变现性）很差的存货与预付费用。因此，才有以速动资产计算速动比率的必要。

一、速动比率的含义

速动资产可以说是军队里的快速打击部队。资产负债表上的快速打击资产，依序有三：

1. 第一道防线：现金及约当现金（简称“现金”）

这是能立即上场的待命班。

2. 第二道防线：金融资产

当现金不足时，就把账上股票卖一部分，T+2日（3天内）便可兑现。

3. 第三道防线：银行信用额度动支

这是紧急周转的预备队，当第一、第二道防线都被突破后，一通电话打到银行，3小时内信用额度即拨款入账。

二、速动比率

速动比率跟流动比率只差一个字，观念相近。

1. 分子：速动资产

由表4-19公式可见，速动资产可以说是快速变现的流动资产。其中预付账款一般占公司资产的2%以下，主要用于购买材料时所支付的订金，只有在购买固定资产时，预付账款比重才会很大。

2. 分母：流动负债

流动负债明细约十二项，比较大的是短期借款（还本息）、应付账款、当期营业所得税负债等。

3. 及格标准：1倍

流动负债需靠现金来支付，所以流动比率的及格标准是1倍，即有1元的负债，至少有1元的速动资产支撑着。

表 4－19 速动比率公式

速动比率（或酸性测验比率）$=\dfrac{\text{速动资产}}{\text{流动负债}}$
速动资产＝流动资产－存货－预付账款＝现金及约当现金＋应收账款
预付账款在生活中比较常见的是订金（例如，租旅馆房间），一般金额不大，以资产2.5兆元的鸿海科技集团来说，此项目为105亿元，占资产的0.42%

知识维生素

acid test 小档案

- acid：酸味的
- acid test：严密的检查

在煮菜时，厨师拿汤匙等品尝菜（汤）咸淡是否适宜。

做化学检验时，用酸去检验黄金等，后来应用范围扩大。

知识维生素

速动比率英文名称

基本上，我们崇尚"节约"原则，一个名词最好不要有别名，速动比率的别名是(acidtest ratio)，这个名词直译不易懂也就不易记。一直不明白为何称酸味（acid）、检验(test)，直到有一次看史蒂芬·席格主演的电影《魔鬼战将2》（1995年）：他在火车的餐车附设厨房里煮菜，他的侄女问他："Have you do the acid test?"他用汤匙舀起一点汤汁试喝。此时，我们才体会到acid test来自生活中煮菜时的"试咸淡"。这印证我们一再主张的"专业始终来自生活"，财管的大部分专有名词都来自生活用语。财务比率中的acidtest指的是速动比率，如此意译即可。

12－6 台积电的速动比率

在单元12－4中了解了台积电的流动比率后，大家心中应该就有谱了，速动比率一定比流动比率低。

一、趋势分析

由表4－20可见，纵使台积电在2012年流动比率为168%，速动比率仍维持在142.39%，在及格标准1倍之上。2015年上升到319.58%，是近年来的高点。主因是流动资产中的现金及约当现金金额占资产比重大增，而流动负债占资产比重微降。

表4－20 2012—2016年台积电与联电的速动比率（%）

公司	2012年	2013年	2014年	2015年	2016年
台积电	142.39	168.57	278.03	319.58	241.30
联电	160.95	147.59	150.93	155.43	115.00

二、2016年情况

2016年，台积电速动比率在241.30%，远远超越及格水平。不懂财务管理的门外汉可以看以下两个数字：

（1）流动资产中的现金及约当现金（约当现金详见本单元“知识维生素”）为5412亿元。

（2）流动负债为3,182.4亿元。

台积电账上的钱5,412亿元是流动负债的1.7倍，即每1元流动负债有1.7元钱可支付。

三、台积电与联电比较

台积电2016年的速动比率是联电的2倍。

小博士的话

中国大陆企业中芯国际半导体公司小档案

时间：2017年3月28日

地点：香港证交所

公司：中芯国际半导体公司

事件：公布2016年财报

营收：29.14亿美元（+30.3%）

净利：3.16亿美元（+42.3%）

区域分布：中国大陆为49.7%、欧洲为20.9%、美国为29.5%

$$2016\text{年台积电速动比率}=\frac{\text{速动资产}}{\text{流动负债}}$$

$$2.4133\text{倍}=\frac{8,177.3\text{亿元}-486.8\text{亿元}-10.1\text{亿元}}{3,182.4\text{亿元}}$$

知识维生素

约当现金

约当现金主要包括：

(1) 银行的定期存款（包括可转让定期存单）。

(2) 3个月内到期的公债、票券。

(3) 货币市场基金。

12－7 利息保障倍数

在单元 10－2 中说明过公司损益表方面的偿债能力，公司税前净利加上利息金额至少要能还利息，还息是债务人最低的法律责任。

一、用途

一般来说，利息保障倍数比较常用在公司向银行贷款前，以计算贷款金额，这跟个人消费者贷款上限为平均月薪的 22 倍较相似，详见表 4－21。

表 4－21　利息保障倍数公式　　单位：亿元

	损益表	
利息保障倍数 $=\frac{\text{税前息前净利}}{\text{利息}}$	＋营业外收入	
	－营业外支出	
本书 $=\frac{\text{税前净利}+\text{利息}}{\text{利息}}$	财务成本（主要是利息）	1.0
	＝税前净利	10.0
举例： 11 倍 $=\frac{10\text{ 亿元}+1\text{ 亿元}}{1\text{ 亿元}}$	－所得税费用	1.7
	＝净利	8.3

二、利息保障倍数的含义

有人可能会问："以银行贷款来说，借款公司每个月都必须还本还息，那为什么利息保障倍数只考虑利息呢？"

这是银行对于借款公司违约的定义，即连续 2 个月没还息就列为催收，6 个月没还息就列为逾期放款。重点都在于还息，只要还息，还本的部分就可以顺延。

三、利息保障倍数的衡量

利息保障倍数是 22 个财务比率指标中用词较不一样的，以比率用词来记，大致可想成"税前净利利息倍数"。

1. 分子：税前息前净利

利息保障倍数分子的本名为"所得税及利息费用前纯益"，但本书习惯记成"税前息前净利"，本书记忆方式为"税前净利加利息"，这很容易记忆，也很容易计算。

2. 分母：利息（费用）

由公式可见，分母为利息，指的是资产负债表该付的利息金额；至于利息费用，则是指现金流量表上已支付的部分。

3. 及格标准

利息保障倍数的及格标准是 4 倍，远比 1 倍大，原因是对公司税前息前净利打三折，公司仍有能力还息。

小博士的话

利息保障倍数

- debt service coverage ratio　偿债备付率
- interest protection multiplcs　利益保障倍数
- times interest earned　利息倍数

表 4－22　利息保障倍数的用途

举债前	举债后
举债能力 $\dfrac{\text{税前息前净利}}{\text{利息}} \geqslant 4$ 倍	在银行贷款契约中，少数情况下有利息保障倍数条款
类似个人贷款 $\dfrac{\text{信用贷款金额}}{\text{月收入}} \leqslant 22$ 倍	公司债发行契约同上

12－8 台积电的利息保障倍数

2015 年 10 月，《工商时报》报道台湾水泥公司自 1946 年成立以来，每年皆赚钱，是台湾的常青获利公司。

2002 年，台积电成为台湾盈余最多的公司（216 亿元）。自 2003 年起，鸿海科技集团成为台湾营收最大的公司。以 2016 年来说，890 家上市公司盈余 1.9 兆元，约 1/6 来自台积电（3,233 亿元）。有此常识，不用看台积电的利息保障倍数，就知道银行（包括公司债持有人）可以放心啦。

一、趋势分析

台积电的利息保障倍数长期在 90 倍以上。90 倍是什么含义？简单地说，几乎连本金都能还得起。

1. 跟负债比率息息相关

在单元 11－4 中说明台积电的负债比率从 2011 年起开始提高，到 2013 年的 30% 是高峰，负债金额高，利息金额也水涨船高，此时利息保障倍数约为 82 倍。

2. 高获利与低利率下的超高利息保障倍数

台积电利息保障倍数超高，原因很简单：分子大、分母（即利息）小。

二、2016 年为 117 倍

2016 年，负债减少，利息“水落船低”，分母变小，但分子（税前净利）增大，结果是利息保障倍数为约 117 倍。

2017 年，负债稍增，主要是盖南京的厂，但净利成长率更大，利息保障倍数提高。

三、台积电与联电比较

由表 4－24 可见，台积电利息保障倍数在 2016 年是联电的 27 倍以上，联电约为 4.3 倍，皆比及格标准 4 倍高。

小博士的话

格罗方德公司小档案

成立：2009 年 3 月 2 日

地址：美国加利福尼亚州圣克拉拉市

产能：12 英寸晶圆厂 4 座，8 英寸厂 4 座

总裁：Sanjay Jha

营收：2016 年达 55.45 亿美元（＋10%）

母公司：阿拉伯联合大公国旗下阿布达比创投公司

员工：18,000 人

表 4－23　台积电的利息保障倍数

$2016年台积电利息保障倍数 = \frac{税前息前净利}{利息}$
$证交所公式 = \frac{516.2亿元 + 33.06亿元 + 3,343亿元}{33.06亿元} = 117.7倍$
$本书公式 = \frac{3,859.6亿元 + 33.06亿元}{33.06亿元} = 117.7倍$

表 4－24　2012—2016 年台积电与联电的利息保障倍数

公司	2012 年	2013 年	2014 年	2015 年	2016 年
台积电	177.92	82.41	94.34	110.84	117.70
联电	9.06	18.63	14.31	16.35	4.30

知识维生素

2D、3D 芯片小档案

时间：2013 年 9 月 2 日

地点：中国台湾台北市

人物：钰创科技董事长卢超群

事件：2D 芯片如同造平房，当系统（或 3C 产品）需要更多功能的时候，只能在电路板平面上使用更多的芯片，好比在一个宽广的平地上盖很多平房，再通过开车的方式去联结各家各门，这当然会耗费相当的能量与空间。

随着电子产品越来越轻薄短小，电路板上的面积与成本被要求缩减更多，因此芯片晶粒的面积需要缩小，如同美国纽约因为土地太贵，要盖帝国大厦这么高的大楼，才能持续维持经济发展。

3D 芯片技术把盖楼房的概念带进半导体产业，房子往上盖各个不同楼层时，彼此联结的桥梁就得靠电梯，近几年来半导体产业者在半导体组件中穿孔、3D 封装等技术上屡有突破，到 2013 年底技术发展大致成熟。

（整理自《经济日报》，2014 年 9 月 2 日，A3 版）

Date ______ / ______ / ______

第 13 章
财务比率三类经营能力 Ⅰ

13－1　经营能力指标——衡量各部门经营管理能力
13－2　台积电的经营能力
13－3　分解经营能力指标——周转率专论
13－4　应收账款周转率
13－5　台积电的应收账款周转率
13－6　平均收现日数——应收账款周转日
13－7　台积电的平均收现日数
13－8　平均销货日数——以台积电与联电为例

13－1 经营能力指标——衡量各部门经营管理能力

各种周转率衡量的是相关高阶管理者运用各种资源的效率。

一、经营能力类五种周转率快易通

总经理率领事业部主管、各功能部门副总（以取代“主管”一词）的主要职责，在于把所持有的资产（资产负债表）、人（损益表上的薪资成本）等妥善运用。其中针对资产面的运用效率，财报分析三类经营能力共有五项周转率，本单元先看全景。

二、董事会负责资本支出周转率

投入面流量：资本支出周转率衡量资本支出能支撑多少营收。

三、总经理负责资产类绩效

董事会把资产交给总经理全权管理，当然会以资产的两个产出绩效来衡量总经理绩效的高低。

（1）资产周转率：此比率分子是营收，分母是资产。资产周转率最简单的说法是“一分钱当两分钱用”。

（2）资产报酬率：此比率分子主要是损益表的息前净利（即净利加税后利息），分母是资产。

四、功能部门主管负责四种周转率

有四种周转率由三个功能部门主管负责，依核心活动顺序说明如下：

（1）采购部主管负责应付账款周转率：应付账款主要来自采购部买原料、购置固定资产时的欠款，一部分取决于供货公司提供的付款条件；另一部分取决于本公司的付款方式，采购部、财务部皆共同决定。

（2）制造部主管负责固定资产周转率：固定资产主要指厂房、机器等，制造部主管的责任便是最大限度地操作机器，最好让机器24小时运转，劳工分三班，固定资产周转率会极高。

产出面（存量）：固定资产周转率衡量房地产、厂房及设备能推动多少营收。

（3）业务部主管负责存货、应收账款周转率：业务部基于达到营收目标，会希望“广积粮，缓收款”。反映在下列几个方面：

投入面：为了对客户有求必应，业务部总希望成品存货满仓，连带地会影响制造部在制品、资材部原料存货金额。

产出面：应收账款周转率针对授信、单一客户授信金额由业务部视业务部计划提案，财务部、风险管理部会限制提案，最后由总经理召开授信审核会议决定。

表 4－25　公司各阶层负责的资产周转率

负责人员	投入（营业成本）	产出（营收）
一、董事会		• 本书特创指标资本支出周转率 $=\frac{\text{营收}}{\text{资本支出}}$
二、总经理		• 三类之 7 资产周转率 $=\frac{\text{营收}}{\text{平均资产}}$
三、核心活动部门 （一）研发部（主管） （二）制造部（主管） 1. 采购部	• 三类之 4 应付账款周转率 $=\frac{\text{营业成本}}{\text{平均应付账款}}$	
2. 制造部		• 三类之 6 固定资产周转率 $=\frac{\text{营收}}{\text{平均固定资产}}$
（三）业务部（主管）	• 三类之 3 存货周转率 $=\frac{\text{营业成本}}{\text{平均存货}}$	• 三类之 1 应收账款周转率 $=\frac{\text{营收}}{\text{平均应收账款}}$

13-2 台积电的经营能力

以台积电 2016 年的财报数字来计算经营能力 7 项指标，由表 4-26 第一列可见，分母分为资产与负债两方面。

一、资产（管理）面指标 6 项

三类经营能力指标有 6 项（本质上有 4 项，有 2 项是衍生的）是在衡量各部门主管的资产管理能力。由表 4-26 可见，三类之 1 应收账款周转率为 8.78 次，跟本书计算结果 8.81 次略有差异，原因是本书以 2016 年底应收账款作为 2016 年初应收账款，但 2016 年初可能有调整项 6.356 亿元。

二、负债（管理）面指标 1 项

应付账款周转率衡量采购部人员议价能力（付款条件是合约项目之一）。

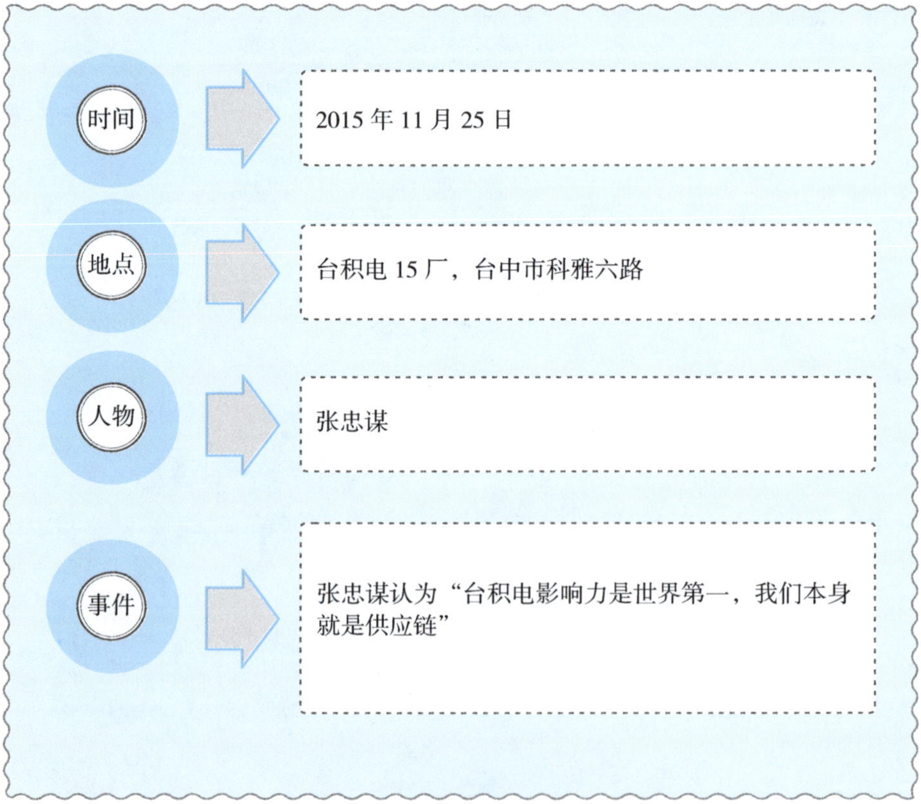

图 4-2　台积电的影响力

表 4－26　经营能力七项指标

分母财报种类		财报上的数字	本书计算的结果＝（1）÷（2）	（1）分子	（2）平均（2015—2016 年）
一、资产面	1. 三类之 1 应收账款周转率/次	8.78 次	8.81 次	营收 9,479 亿元	（1,294.5＋856.9）÷2＝1,075.7 亿元
	2. 三类之 2 平均收现天数/天	41.43 次	41.57 次	365 亿元	8.78 亿元
	3. 三类之 3 存货周转率/次	8.18 次	8.17 次	营业成本 4,730.8 亿元	（670.5＋486.9）÷2＝578.7 亿元
	4. 三类之 4 平均销货天数/天	44.62 次	44.62 次	365 亿元	8.18 亿元
	5. 三类之 6 固定资产周转率/次	1.02 次	1.04 次	营收 9,479 亿元	（8,535＋9,777.8）÷2＝9,156.4 亿元
	6. 三类之 7 资产周转率/次	0.57 次	0.53 次	营收 9,479 亿元	（16,575＋18,865）÷2＝17,720 亿元
二、负债面	三类之 5 应付账款周转率/次	20.11 次	21.96 次	营业成本 4,730.8 亿元	（233.7＋197.25）÷2＝215.475 亿元

知识维生素

中芯国际集成电路制造公司

成立：2000 年，香港交易所挂牌

地址：中国上海市张江高科技园区

董事长：张文义

营收：2016 年 29.14 亿美元（＋30.3%）

净利：2016 年 16 亿美元（＋42.3%）

客户区域分布：中国大陆企业 50%、美国企业 50%

13－3 分解经营能力指标——周转率专论

一、能近取譬说明周转率

周转率在日常生活中常见的有两种情况：

1. 餐厅翻桌率

以商业区一个100客席的中型餐厅来说，一天有400位顾客，桌子轮换率为4倍（见表4－27），以午餐、晚餐来说，午餐轮换3倍，晚餐轮换1倍，那是因为午餐人多、午休时间短，顾客吃得快，30分钟内吃完。晚餐碰到上班族下班，留下吃饭的人少，因此轮换率只有1倍。

2. 汽车旅馆床铺轮换率、温泉房间周转率

汽车旅馆以3小时为休息时数、温泉以2小时为泡汤时数，都可以计算床铺轮换率、房间周转率。

3. 用周转倍数才比较贴切

在单元9－7中曾说明两数相除，除数结果小于1称为“率”，大于1则称为“倍数”，以此来看，周转倍数比周转率更贴切。

二、五种周转率的分类

我们的治学理念之一是“两种就做表（比较），三种就分类”，五种周转率可以分门别类。当你把经营能力类财务比率五种周转率做表后，可以发现其关系如下：

1. 资产负债表中的流动、非流动

依资产面分为流动（例如流动资产的应收账款、存货；流动负债的应付账款）、非流动（非流动资产的固定资产）与总资产。

2. 投入—转换—产出

依投入、产出进行区分，详见表4－28。

三、周转率公式比较

在财务比率管理能力中有四种周转率，把公式做表比较就好懂好记了。

1. 分子：损益表上营收对比营业成本

由表4－28第二列可见，周转率的分子只有两种：营收、营业成本。

（1）营收：由表4－28可见，三种周转率皆可衡量三种资产（应收账款、固定资产、资产）杠杆营收的倍数。

（2）营业成本存货在损益表内是营业成本，因此以营业成本来计算周转率。

将购买固定资产（房地产、厂房及设备）放在流动负债的应付工程及设备款中。应付款有三项，其中应付账款主要是买原料所欠的，原料成本是营业成本三项之一。所以，应付周转率的分子是营业成本。

表 4 -27　餐厅翻桌率就是资产周转率之一

周转率以某一天餐厅桌子轮换为例
$翻桌率 = \frac{400 位顾客}{100 个客席} = 4 倍$
$资产周转率 = \frac{营收}{平均资产}$

表 4 -28　三类经营能力与四类获利能力指标

财务比率		分子（产出）	分母：资产方面“平均”（投入）
一、三类经营能力	1. 应收账款周转率	营收	应收账款
	2. 平均收现天数		
	3. 存货周转率	营业成本	存货
	4. 应付账款周转率	营业成本	应付款
	5. 平均销货天数		
	6. 固定资产周转率	营收	固定资产
	7. 资产周转率	营收	资产
二、四类获利能力	5. 纯益率	净利	营收
	1. 资产报酬率	净利加利息(1 - T)资产	
	3. 营业净利占资本比率	营业净利	资本
	4. 税前净利占资本比率	税前净利	资本
	6. 基本每股盈余	净利	股数
	7. 稀释每股盈余	股数 + 约当股数	
	2. 权益报酬率	净利	权益

注：7 个指针照资产负债表顺序排列。

13－4 应收账款周转率

三类经营能力中的应收账款、存货类有五项指标，主要由业务部负责。

一、大易分解法

以大易分解法来看应收账款周转率。

应收账款周转率 = 应收账款 + 周转率

如公式右边两项，只要知道应收账款、周转率的含义，便可推理出应收账款周转率的含义。

二、应收账款周转率

由应收账款周转率公式可见，分母多了四个字“平均各期”，因此你拿资产负债表上的应收账款金额去除以营收，与财报分析比率上的数字相比会有小差异。

三、营收应收账款周转率

这个名词难以望文生义，我是这么记的：

（1）营收应收账款比：仿本益比等记法，营收应收账款比是指营收当分子、应收账款当分母。

（2）以周转倍数取代周转率：大部分公司应收账款占营收的20%以内，以1年12个月来说，应收账款2.4个月、70天以内，取其倒数的营收应收账款比在5倍以上，所以营收应收账款比或周转的结果是几倍。

四、及格标准：适当即可

（1）有些人的看法：能近取譬，很多餐厅老板强调餐桌轮换率越高越好，例如，烧肉店假日时最好8倍（即一个餐桌轮换8次顾客）。那么，应收账款周转率看似越大越好，1元应收账款最好能支撑10元甚至20元的营收。

（2）我们的看法：适当即可。回到初衷，公司会商业授信给客户，即让客户赊欠，主因是方便资金不足的客户借贷去做生意。帮助客户等于帮助自己。在授信风险可接受的范围内，公司宜尽量商业授信，以此作为竞争武器，塑造竞争优势。

回到餐厅的餐桌轮换率也一样是适当即可。到餐厅吃饭图的是气氛的享受，否则外带即可。

餐厅限定客户用餐1小时或1.5小时，以提高餐桌轮换率；但排挤了“慢活”、生活品位高的客户，可能因小失大。我的工作经验之一是“没有营收，哪能降低成本”，也就是当有营收的情况，才会有空间去节省成本；省过头，以致门可罗雀，可以说是得不偿失。

$$应收账款周转率 = \frac{营收}{（平均各期）应收账款净额}$$

表 4－29　影响公司应收账款的相关因素

<table>
<tr><td>• 本公司
1. 竞争策略
即考虑对手
2. 财力</td><td rowspan="2">本公司应收账款
1. 金额
2. 账龄</td></tr>
<tr><td>• 买方公司
1. 财力
2. 付款日期</td></tr>
</table>

知识维生素

影响应收账款金额的因素

大部分公司有应收账款，纵使号称现金生意的便利商店接受信用卡付款，向发卡银行请款到付款约需 3 天，这也是应收账款。只有极少数地方须付现。由此可见，影响公司应收账款金额、天期（俗称“账龄”）的因素如下：

1. 公司的竞争优势来源。

由小因素到大因素，卖方公司有许多考虑会接受买方赊欠（名称为“应收票据”“应收账款”），小至收款效率，最大的则是把付款条件作为跟对手竞争的武器。这对财力较弱的买方较有吸引力，即“先进货，后付款”，卖方可借此 30 天去冲营收，用小钱便可做生意。

2. 买方公司的因素。

纵使买方公司财力雄厚，愿意支付现金买货，在财务部的付款作业中，基于内部控制的考虑，一定需要董事长（或其受托人，主要是执行董事）用印，如此才能开立三联章支票；在资金中心转账时，也需要用财务长、董事长（或其受托人）的金卡刷卡才会成功。

限于董事长的行程，许多公司都有每周、每旬或每月固定付款日。对卖方公司来说，一定会有应收账款的存在。

3. 参考标准：7 倍。

各行各业的标准不同，以全球电子代工王鸿海来说，客户都是苹果等大型公司，但应收账款占营收的 18%，取其倒数便是应收账款周转率的 5.5 倍。

13－5 台积电的应收账款周转率

台积电的应收账款占资产的6.86%，远低于鸿海的33%；台积电的应收账款营收比为13.66%，略低于鸿海的18%。台积电的应收账款周转率是本单元的重点。

一、趋势分析

(1) 授信政策：台积电对客户的授信期间：

“发票日后30天”，如果月结才开发票，则跟下条相近。

“月结30天”，本质是授信60天。

(2) 随景气下降：由表4－30可见，2011年全球经济复苏，客户持现金抢下单，台积电应收账款周转率为约10次，到2014年每况愈下，只剩8.12次。

表4－30 2011—2016年台积电与联电的应收账款周转率

单位：次

公司	2011年	2012年	2013年	2014年	2015年	2016年
台积电	10.06	9.64	9.11	8.12	8.37	8.78
联电	7.30	7.48	7.47	7.15	6.95	6.98

二、2015年情况

2015年台积电营收成长率为10.6%，成长幅度中等，大客户产品去化难，拼现金不易，对于零组件供货公司的货款能拖则拖，且美元处于强势阶段（即延后收款可能赚到汇兑利得），利率又低。客户愿欠，台积电顺水推舟，应收账款周转率由2014年的8.12次小涨至2015年的8.37次。

三、台积电与联电比较

台积电的应收账款周转率比联电高，这反映出客户的形态与规模。

(1) 中游或下游公司：模块公司位居产业中游，售货给下游公司，账上应收账款多，连带也欠了上游的芯片公司及芯片代工公司的款。而成品型客户规模较大、向零售公司收现，自然有能力付现给模块公司。

(2) 客户公司规模大小：台积电制程能力高，比较有资格挑客户，大部分都是模块业（例如做显示卡的辉达）或成品业（例如苹果公司）的一线公司，现金雄厚，更可能会支付现金。

小博士的话

2014—2016 年台积电应收账款明细 单位：亿元

项目	2014 年	2015 年	2016 年
应收票据与账款	1,147.30	850.60	1,283.00
应收关系人	3.13	5.06	9.70
其他应收款	1.79	1.25	1.47
小计	1,152.22	856.91	1,294.17

$$台积电的应收账款周转率 = \frac{营收}{平均应收账款}$$

$$以\ 2016\ 年为例，8.78\ 次 = \frac{9,479\ 亿元}{1,079.6\ 亿元}$$

表 4－31 台积电客户

<table>
<tr><th colspan="3">3C 产品</th><th>芯片公司</th><th>成品公司</th><th>整合制造公司</th></tr>
<tr><td rowspan="7">第一 C</td><td rowspan="3">中央处理器</td><td>桌机</td><td></td><td></td><td></td></tr>
<tr><td>笔电</td><td>超微</td><td>美国英特尔旗下有亚尔特拉</td><td></td></tr>
<tr><td>手机</td><td></td><td></td><td></td></tr>
<tr><td rowspan="2">绘图芯片</td><td>显示卡</td><td></td><td></td><td></td></tr>
<tr><td>其他</td><td>辉达</td><td></td><td></td></tr>
<tr><td rowspan="2">其他</td><td>大计算机</td><td></td><td></td><td></td></tr>
<tr><td>服务器</td><td></td><td></td><td>美国 IBM</td></tr>
<tr><td rowspan="3">第二 C</td><td rowspan="2">手机</td><td>中央处理器</td><td>美国高通
中国台湾联发科
中国大陆展讯、
海思</td><td>苹果公司
iPhoneA9、A10、
A11 芯片
小米</td><td></td></tr>
<tr><td>射频芯片</td><td></td><td></td><td></td></tr>
<tr><td>通信设备</td><td></td><td></td><td></td><td>韩国三星半导体</td></tr>
</table>

续表

3C 产品		芯片公司	成品公司	整合制造公司
第三 C：消费性电子	液晶电视			
	电视游戏机			日本索尼
其他	车用电子			日本瑞萨电子
	物联网	德国英飞凌		

13-6 平均收现日数——应收账款周转日

光看本单元标题“平均收现日数”或副标题“应收账款周转日”可能很难理解，我是这样记的：“应收账款平均天数”或“应收账款天数”。跟2017年台湾2,360万人中位数年龄37岁的用法一样，应收账款拟人化，应收账款的年龄简称“账龄”。

本单元一开始便先讲结论，要是不想看过程，也不会错过很多。

一、平均收现日数的定义

“平均收现日数”这个名词很长，有6个字，但道理很简单。

1. 平均收现日数的计算方式

每笔应收账款天数有长（例如50天）有短（例如3天），取其加权平均便得到平均收现日数。如同加权平均资金成本简称“资金成本”一样，平均收现日数可简称“收现日数”。

公司财务部旗下授信处有各笔应收账款的日数，通过这个可算出平均收现日数。

2. 及格标准：45天以内没问题

以公司员工餐吃外卖为例，3月时吃1个月，4月1日结账，客户开15日到期的支票，俗称“月结15天”。如此一来，外卖公司让客户欠45天。

这是常见的熟客赊欠方式，即账龄45天。

二、这样用词比较亲民

1. 收现日数

在生活中，有些行业用词太简单，例如电台主持人说“关渡大桥三车连撞，交大已在现场处理”。提到“交大”，我们想到“交通大学”，所以，电台主持人最好说“交通警察”（或简称“交警”，交通警察大队是个机关，机关不会动）。

同样地，财务分析中的平均收现日数应称“应收账款平均收现日数”，简称“收现日数”。

2. 天数

22个财务比率有2个有“日数”，即平均收现日数、平均销货日数，生活用词是“天数”。

表 4－32　平均收现日数公式

平均收现日数 $= \dfrac{365}{\text{应收账款周转率}}$
举例 $\dfrac{365\text{ 天}}{1} \times \dfrac{10\text{ 亿元}}{100\text{ 亿元}} = 36.5\text{ 天}$
台积电平均收现日数 $= \dfrac{365}{\text{应收账款周转率}}$ 以 2016 年为例，41.57 天 $= \dfrac{365\text{ 天}}{8.78\text{ 次}}$

知识维生素

台积电影响力世界第一

时间：2015 年 11 月 25 日

人物：张忠谋

地点：中国台湾台中市台积电 15 厂

以全球半导体产业的销售业绩来看，英特尔排第一，三星 LSI 第二，台积电第三。就影响力来说，台积电是第一，比英特尔及三星 LSI 还好，因为在全球每 2.5 个芯片中，就有 1 个是台积电做的，几乎每个人身上都有台积电制造的芯片产品。

（整理自《工商时报》，2015 年 11 月 26 日，A2 版）

13－7 台积电的平均收现日数

"老鼠、老虎傻傻分不清楚"，这是俗语。

本益比、益本比两者只是倒数关系。

应收账款周转率、平均收现日数彼此可以换算。对我们来说，比较习惯看平均收现日数。本单元以台积电为例说明之。

一、趋势分析

由表 4－33 可见，2012—2014 年，台积电平均收现日数逐渐拉长。

表 4－33　2011—2016 年台积电和联电的平均收现日数

单位：天

公司	2011 年	2012 年	2013 年	2014 年	2015 年	2016 年
台积电	36.29	37.86	40.06	44.95	43.61	41.57
联电	—	49.00	49.00	51.00	53.00	52.00

二、2016 年情况

（1）平均收现日数为 41.57 天。

（2）账龄分析。

在台积电财报附注十一应收账款净额中说明账龄分析，分为未逾期、逾期两种情况，逾期再细分为未减损和减损，详见表 4－34。

表 4－34　台积电财务人员看到的账龄分析

应收账款的状况分析			
大分类	中分类	小分类	比重
未逾期	未减损	天数 30 天内 31～60 天 61～120 天 121 天以上	84%
逾期	分成两种情况： 未减损 减损	逾期天数	16%

三、台积电与联电比较

由表 4－33 可见，台积电平均收现日数比联电少了约 10 天。

小博士的话

张忠谋认为台积电具有的3个优势

时间：2017年6月8日

地点：中国台湾新竹

人物：张忠谋

事件：在股东会中，张忠谋表示，台积电可以维持领先，表现优于产业平均水平，主要有3个特质：

①技术上保持领先。

②制程能力上可以比同业好，特别是韩国（指三星）及美国（指英特尔）等同业。

③诚信，这是与客户做生意的态度，客户信任台积电。

（摘自《工商时报》，2017年6月9日，A3版）

知识维生素

台积电应收账款的付款条件

在台积电财报附注十一中给予客户的付款条件如下：

(1)（台积电开发票日）加30天。

(2) 月结（开发票）加30天。

简单来说，时间最长的应收账款是月初订货且收货，下个月底付款，即6期60天。

13－8 平均销货日数——以台积电与联电为例

许多家庭一周去量贩店（俗称“大卖场”“超市”）买菜一次，也就是生鲜食品至少够吃7天，这是生活中常碰到的存货天数。

公司的存货周转率稍微加工便可以得到平均销货日数。

一、平均销货日数的定义

如同表4－32中，我们认为平均收现日数易懂易记，平均销货日数比较易懂。

1. 全名：存货平均销货日数

加个主语“存货”比较清楚，至于“平均”一词则是多余的，因为存货周转率中已包含平均存货。

2. “日数”一词比较亲民

公式中“365”正确的写法是“365天”，如此分子和分母相除后，才会得到50天。

二、台积电的平均销货日数

讲到餐厅，我们比较习惯说“餐桌轮换率”。碰到应收账款、存货，我们比较习惯用“日（天）数”来记，例如存货销售天数由50天拉长为60天，多了10天。往坏的方面想，存货变多了，看似商品不好卖。往好的方面想，可能是董事会决定囤货，多增加10天的存货。

1. 趋势分析

台积电主要的存货是在制品（详见表1－19），2016年占68.46%，所以影响存货金额的因素在于制程。

（1）2014年囤货：由表4－36可以看到2014年存货日数小幅增长到49.19天。

（2）平均水平为45天。

2. 2015年情况

2015年平均销售日数为44.62天，跟平均水平相近。

3. 台积电与联电比较

2014年之前，台积电的平均销货日数比联电略少，2014年双方基本持平。

表4－35 平均销货日数

平均销货日数 $= \dfrac{365}{存货周转率}$
台积电平均销货日数 $= \dfrac{365}{存货周转率}$

续表

以2016年为例 $= \dfrac{365\text{天}}{\text{存货周转率}}$
44.62天 $= \dfrac{365\text{天}}{8.18\text{倍}}$

表4－36　2012—2016年台积电与联电平均销货日数

单位：天

公司	2012年	2013年	2014年	2015年	2016年
台积电	43.56	49.00	49.19	56.24	44.62
联电	49.00	49.00	49.00	49.00	53.00

知识维生素

证券分析师选股台积电

时间：2015年12月25日

人物：麦格里资本证券半导体分析师廖光河

地点：中国台湾台北市

事件：台积电2016年和2017年分别以16纳米与10纳米拿下高比例的苹果公司A10与A11订单，且手中现金充沛，可望拉高现金股利配发率。

（整理自《工商时报》，2015年12月25日，B1版）

第 14 章
财务比率三类经营能力Ⅱ

14－1　存货周转率
14－2　台积电的存货周转率
14－3　应付账款周转率——以台积电与联电为例
14－4　固定资产周转率
14－5　台积电的固定资产周转率
14－6　资产周转率——台积电的资产周转率

14-1 存货周转率

以大易分解法来看存货周转率：

存货周转率 = 存货 + 周转率

如上公式右边两项所示，只要知道存货、周转率，便可顺理成章推理出存货周转率。

一、存货周转率的定义

1. 分子：营业成本

在所有以损益表为科目的财报比率中，只有存货、应付账款周转率的分子是营业成本，在记忆时，采取例外管理的方式比较好记。

2. 分母：平均存货金额

分母是平均存货金额，以一年为例，是每个月的存货金额的平均数，外界人士只能看到四季的季报，可以把这四季存货金额平均一下。

3. 少数情况：营收存货比

少数情况下，分子换成营收，称为“营收存货比”。

二、四类公司的存货水平

以表4-38来看智能型手机供应链上中下游公司的存货比重：

表4-37 存货周转率公式

$$存货周转率 = \frac{营业成本}{平均存货金额}$$

表4-38 四类公司的存货水平

公司		台积电	大立光	鸿海	宏达电
年份		2016年	2015年	2015年	2016年
一、占资产比重		$\frac{487亿元}{18,865亿元}$ =2.58%	$\frac{17.5亿元}{970.7亿元}$ =1.80%	$\frac{3,873亿元}{25,920亿元}$ =14.94%	$\frac{141.6亿元}{1031.5亿元}$ =13.73%
二、占营收比重	1. 占营收比重	5.14%	3.62%	8.88%	18.17%
	2. 占营业成本比重	10.29%	10.98%	9.59%	20.60%

1. 组件：台积电

台积电的存货比重很低。

2. 模块：大立光

大立光的存货占资产的比重为1.80%。

3. 成品组装：鸿海

鸿海的存货占资产的比重为14.94%，令人意外，可能是累积了许多原料，防止停工待料。

4. 品牌公司：宏达电

宏达电的存货占资产的比重为13.73%，这是品牌公司的情况，尤其是存货占营收的比重为18.17%，以一年12个月来说，约有2.18个月（12个月×18.17%）的存货等。手机品牌公司宏达电的存货主要是成品存货，许多都备货在各门市、物流公司，在外国则放在发货仓库（例如美国加利福尼亚州洛杉矶市）。品牌公司的优点是不缺货，客户随时可以买到商品。

知识维生素

自2011年起，台积电逻辑芯片产能全球第一

时间：2011年

地点：美国

人物：国际半导体设备暨材料协会（SEMI）

事件：2011年，台积电总产能约当8英寸晶圆1,322万片，年增17%。为保有产能龙头地位，2009—2015年，台积电年产能复合成长率上涨31%，呼应高资本支出的投入结果。不含内存（即只计算逻辑芯片）的产能，台积电总产能领先英特尔1.5倍、领先三星半导体2倍，跃居全球第一。

（整理自《经济日报》，2012年5月11日，A9版）

14－2 台积电的存货周转率

2015 年，全球经济成长率为 2.8%，是“新平庸”的一年，3C 产品销量停滞，连 iPhone 6s 的 2016 年销量预测值都一再下降（由 2.4 亿部降至 2.2 亿部）。半导体业原地踏步，芯片、晶圆代工公司库存增多，存货周转率降低。本单元以台积电为例进行说明。

一、趋势分析

1. 囤货的 2014 年

由表 4－40 可见，2014 年台积电存货周转率为 7.42 倍，跌破 8 倍。

表 4－39 台积电存货周转率

$$台积电存货周转率 = \frac{营业成本}{平均存货金额}$$

以 2016 年为例

$$8.175\ 倍 = \frac{4,730.77\ 亿元}{578.67\ 亿元} \qquad 578.67\ 亿元 = \frac{670.52\ 亿元 + 486.82\ 亿元}{2}$$

2015 年底存货 670.52 亿元　　2016 年底存货 486.82 亿元

表 4－40 2012—2016 年台积电与联电的存货周转率　　单位：倍

公司	2012 年	2013 年	2014 年	2015 年	2016 年
台积电	8.38	8.39	7.42	6.49	8.18
联电	7.49	7.42	7.40	6.86	6.78

2014 年营业成本上升 22%（营收 28%），但存货增加 77%。2013 年存货损失 66 亿元、2014 年存货损失 20 亿元。存货增加，存货损失大减，原因之一可能是囤货以固定住原料等成本。

2. 在制品多

台积电存货成本在 2014 年在制品中占 77%，成长率为 96%。在制品成长速度快的原因有二：

（1）制程转换时，良率低。

由于从 28 纳米进入 20 纳米，制程跳关，会有卡关现象。

（2）特殊规格。

当客户下的订单有特殊规格时，需要较长的制程时间。

二、2015 年情况

2015 年，半导体业零成长，芯片公司等晶圆代工业的客户手上存货满满，连带着晶圆代工业也是努力消化库存。

台积电 2015 年营收中幅成长率为 10.58%。

(1) 分子（营业成本）成长率为 12.46%。

(2) 分母（平均存货金额）成长率为 28.47%。

分子增长得比分母慢，所以商数变小，存货周转率由 7.42 倍降至 6.49 倍。

三、台积电与联电比较

2012—2013 年台积电的存货周转率比联电略高，从 2014 年起水平相近，联电没什么大改变，而台积电向联电的水平趋近。

知识维生素

28 纳米小档案

在半导体中，28 纳米指的是线宽，28 纳米是 40 纳米的下一世代技术，40 纳米则是 65 纳米的下一世代技术。

越小的线宽代表晶体管的尺寸越小，线宽越细，组件就越小，每个芯片上所能储存的数据量就越大，速度就越快，符合轻薄短小、省电、高效能的需求。

14－3 应付账款周转率——以台积电与联电为例

以大易分解法来看应付账款周转率：

应付账款周转率＝应付账款＋周转率

一、应付账款周转率定义

跟存货周转率的观念相似，应付账款周转率的公式见表4－41：

表4－41 应付账款周转率公式

$应付账款周转率 = \dfrac{营业成本}{平均应付账款}$
以2016年台积电为例 $20.11倍 = \dfrac{4,730.77亿元}{235.24亿元}$ $235.24亿元 = \dfrac{197.24亿元 + 273.24亿元}{2}$
2015年底应付账款197.24亿元 2016年底应付账款273.24亿元

1. 分子：营业成本

分子为营业成本，应付账款主要是由营业成本3个项目（原料、直接人工与制造费用）而来。

2. 分母：平均应付账款

一年12个月，应付账款金额有大有小，取其平均值。有期初（去年期末）值加期末值除以2的快速算法。

二、台积电的应付账款周转率

台积电的现金及约当现金近5,600亿元，资产负债表上有近200亿元的应付账款。有人会问："为什么不付清呢？"应付账款跟应收账款的记账方式大抵相同，为节省时间，大都是月结。

1. 趋势分析

应付账款周转率大都在20倍左右（见表4－42），即20元的营业成本中有1元应付账款。

2. 2015年情况

2015年应付账款周转率为20.10倍。

3. 台积电与联电比较

台积电的应付账款周转率略高于联电。

表 4－42　2012—2016 年台积电与联电的应付账款周转率　　单位：倍

公司	2012 年	2013 年	2014 年	2015 年	2016 年
台积电	19.38	20.01	19.39	20.10	20.11
联电	17.09	14.66	15.93	18.65	18.34

小博士的话

2016 年台积电应付关系人账款为 12.62 亿元

由年报（二）财报附注三十七关系人交易中（四）应付关系人账款可见：关系人是台积电的关联公司（台积电跟其他公司合资成立）。

知识维生素

北美半导体设备制造公司订货出货比率

时间：每月 20 日公布上月数字

人物：国际半导体设备材料协会

公式：$$\text{订货出货比率}=\frac{\text{接订单金额（3 个月移动平均）}}{\text{出货金额}}$$

中国台湾地区是全球最重要的半导体设备市场，占全球 400 亿美元市场的 30%。

14－4 固定资产周转率

固定资产是指公司“吃饭的家伙”，最狭义的说法是指“生财器具”，本单元要说明公司“吃饭的家伙”一年能带来多少营收。

一、固定资产的定义

1. 固定资产在资产负债表上的会计科目

固定资产是个旧会计科目，新会计科目称为“房地产、厂房及设备”，本书财报分析仍用此名词。

2. 为何土地占这么低的比率

台积电土地占固定资产的0.35%，原因在于台积电属于高科技公司，公司、厂房皆位于3个科学园区中，科技部对科学园区的土地是“只租不售”。台积电账上还有35万元用于土地及土地改良，应是在园区之外。

二、固定资产周转率

1. 含义：操作机器的程度

100亿元成本的机台一年做300亿元生意，这是最常见的机台周转率观念。在机台成本很高的情况下，公司采取劳工三班制，尽量提高机台使用率（俗称“产能利用率”或“稼动率”），可以说机台“彻夜未眠”。

固定资产周转率涵盖范围到固定资产。

2. 及格标准：75%以上

以汽车组装公司来说，产能利用率为75%可以说是损益平衡点，以中国台湾地区的国瑞汽车公司为例，母公司日本丰田汽车将一部分订单（主要是东南亚、中东）转给国瑞，每年生产20万辆汽车，中国台湾地区内需12万辆（主要是冠美丽以下的车型），剩下8万辆出口。

小博士的话

国瑞汽车公司小档案

成立：1984年

地址：中国台湾桃园市中坜区

资本额：34.6亿元，日方70%（丰田65%、日野5%）、台商30%

产品：2,000 cc以下车型、日野汽车之货车

表 4-43　固定资产周转率公式

$$固定资产周转率 = \frac{营收}{平均固定资产}$$

表 4-44　固定资产的范围与台积电 2016 年情况

生产因素	中分类	金额/亿元	比重/%
一、自然资源	土地及土地改良	35	0.35
二、资本	厂商	1,300	13.03
	机器设备	4,655	46.66
	办公设备	115	1.15
	融资租赁资产	—	—
三、一、二之外	待验设备及未完工程	3,872	38.81
	固定资产	9,977	100.00

资料来源：台积电年报（二）财报附注十五。

知识维生素

台积电的电动大客车——固定资产之一

2014 年 9 月，台积电于新竹科学园区导入 9 辆乙类电动大客车，作为公司环厂接驳服务使用，每日搭乘人次在 5,000 人以上，每年减少 200 吨碳排放，相当于 2 万棵树的碳吸收量，且平均妥善率超过 98%，成为电动大客车用于科技园区接驳的首例。

于 2015 年台南科学园区的厂区，导入 4 辆乙类电动大客车进行厂区接驳服务，2017 年扩展至台中科学园区的厂区。

（摘自《经济日报》，2016 年 7 月 7 日，A20 版）

14－5 台积电的固定资产周转率

台积电是台湾数量较少的资本密集型公司，依靠芯片制造机台赚钱，有点像迪士尼乐园，游乐设施投资金额极大，营收却不大。

一、趋势分析

由表4－45可见，台积电2013年大幅扩厂，2014和2015年资产周转率开始增高。

1.2010年大幅扩厂，2011年、2012年固定资产周转率在0.87倍上下

台积电为了抢夺三星半导体嘴上的肥肉（苹果公司应用处理器订单），2010年大幅扩厂。

2011年固定资产周转率维持在较低水平，为0.87倍。

2.2013年大幅扩厂，2014年固定资产周转率为0.95倍

2014年营收成长率为27%，固定资产成长率的分子增长得比分母快，所以固定资产周转率从0.85倍成长到0.95倍。

二、2016年情况

2016年情况同2015年类似。

三、台积电与联电比较

由表4－45可见，2015年台积电的固定资产周转率比联电高25%。

表4－45 2012—2016年台积电与联电的固定资产周转率

公司	项目	2012年	2013年	2014年	2015年	2016年
一、台积电	（1）营收/亿元	5,067	5,970	7,628	8,435	9,479
	（2）平均固定资产/亿元	5,668	7,023	8,029	8,351	9,256
	（3）固定资产周转率/倍＝（1）÷（2）	0.89	0.85	0.95	1.01	1.02
二、联电	（1）营收/亿元	1,060	1,238	1,400	1,448	1,478
	（2）平均固定资产/亿元	1,359	1,651	1,750	1,788	2,053
	（3）固定资产周转率/倍＝（1）÷（2）	0.78	0.75	0.80	0.81	0.72

小博士的话

英特尔进军晶圆代工是当真的

时间：2017 年 4 月 12 日

地点：美国加利福尼亚州旧金山市威斯菲尔德购物中心顶楼会议厅

人物：英特尔执行副总裁史密斯

事件：科技与制造日

在智慧财产库方面：从 2016 年 9 月起，英特尔和安谋技术合作，采用安谋架构的芯片，2017 年在英特尔工厂中生产。

在跟客户沟通方面：强化 EDN 工具。

知识维生素

台积电南京建厂

时间：2016 年 7 月 7 日，台积电南京厂奠基典礼

地点：江苏省南京市浦口经济开发区

人物：张忠谋

张忠谋主持工厂兴建开工，强调中国大陆半导体产业成长飞快，两岸集成电路产业应该共同发展，推动两岸经济互利合作，提高效益。

南京厂有 12 英寸晶圆厂，还兴建设计服务中心，把台积电开发创新平台系统导入中国大陆，协助芯片设计公司一起发展半导体产业，共同成长。

台积电在中国大陆有 100 个以上客户，芯片制造服务的市场占有率是中国大陆之冠，包括中国大陆芯片设计公司海思、展讯都是台积电先进制程的客户，至于成熟制程客户，则涵盖了联发科、威盛等台湾芯片设计公司在中国大陆的转投资公司。

（整理自《经济日报》，2016 年 7 月 8 日，A1 版）

14－6 资产周转率——台积电的资产周转率

资产报酬率可以依照杜邦方程式，分解成单元6－2式（2）中的两项，右式第二项资产周转率是本单元的重点。

一、周转率

“周转率”这个名词中的“周”该怎么记？

（1）周：长度（例如周围）。

（2）周：时间（回转）。

二、资产周转率的含义

1. 用100元资产做N元生意

资产周转率的含义是“用100元资产做N元生意”。

2. 行业有别

资本密集型行业砸重金在厂房、机器上，资产周转率一定低于1，但有一种情况例外，即BOT（兴建—营运—移转）情况。最有名的情况有三：

（1）台北101大楼，土地所有权在政府手上，台北101公司出价得标兴建建筑物，营运50年，拆屋还地。

（2）晶华酒店中山北路店，晶华酒店只有50年营运权，因为不用花大钱买土地，所以固定资产比同业（例如福华饭店）少，可说“承租土地经营”，俗称“轻资产”。

（3）台北捷运公司也是，地主是台北市捷运局；另外，台湾高速铁路公司的地主是“交通部”。

三、台积电资产周转率

1. 趋势分析

由表4－47可见，台积电资产周转率超过0.5倍，即用100元资产做50元生意，2012年为0.58倍。原因是从2010年起，三星半导体、英特尔加入晶圆代工市场，抢食台积电的订单，台积电资产成长速度大于营收成长速度。

2. 2016年为0.54倍

1元资产做0.54元生意，这是资本密集型产业的特色。2013年台积电资产周转率“一路走来，始终如一”，没有什么大的变动。

3. 台积电跟联电比较

由表4－47可见，台积电资产周转率略高于联电。

表 4－46　台积电的资产周转率

$$2016\text{ 年台积电资产周转率}=\frac{\text{营收}}{\text{平均资产}}$$
$$0.54\text{ 倍}=\frac{9,479\text{ 亿元}}{17,620\text{ 亿元}}$$

表 4－47　2012—2016 年台积电与联电的资产周转率

公司	项目	2012 年	2013 年	2014 年	2015 年	2016 年
一、台积电	（1）营收/亿元	5,067	5,970	7,628	8,435	9,479
	（2）平均资产/亿元	8,736	11,055	13,869	15,620	17,620
	（3）资产周转率/倍＝（1）÷（2）	0.58	0.54	0.55	0.54	0.54
二、联电	（1）营收/亿元	1,157	1,238	1,400	1,448	1,478
	（2）平均资产/亿元	2,822	2,879	3,043	3,318	3,264
	（3）资产周转率/倍＝（1）÷（2）	0.41	0.43	0.46	0.44	0.45

知识维生素

以中国大陆 12 英寸晶圆厂为例

时间：2015 年 12 月 7 日

中国大陆的 12 英寸晶圆厂与产能如下：

逻辑晶片代工			其他：记忆体		
公司	地点	月产能/万片	公司	地点	月产能/万片
中芯	北京	5	英特尔	大连	5.2
晶合	安徽合肥	4	展讯/英特尔	大连	—
台积电	南京	4	三星电子	西安	10
联电	厦门	5	SK 海力士	无锡	13
			中芯	武汉	—

Date ______ /______ /______

第 15 章
财务比率四类获利能力

15－1　获利能力指标——以台积电为例
15－2　获利能力分类与负责部门——董事会、管理层
15－3　台积电与台联电获利能力比较
15－4　台积电的资产报酬率
15－5　每股盈余
15－6　台积电的每股盈余
15－7　台积电的经营绩效与股价
15－8　股价与本益比的关系——以台积电为例

15-1 获利能力指标——以台积电为例

财务比率四类获利能力7项中有6项靠损益表、资产负债表（右边权益面）便可计算得到。以2016年台积电为例说明，既可以说明六项指标的公式，又可以了解台积电。

一、损益表的获利能力：纯益率

以损益表的营收为分母的获利能力指标，常用的有两项：

1. 毛利率

台积电毛利率为49.91%，财报上简记为50%。

2. 纯益率（净利率）：财务比率四类之5

“纯益”是个旧名词，财报上称为“净利”，台积电纯益率为35.27%，财报上简记为35%。

二、损益表跟资产负债表的获利能力

由表4-48的计算公式很容易发现这5个获利能力分子来自损益表，分母来自资产负债表的右边权益，依获利在损益表、分母在权益面顺序排列如下：

1. 营业净利占资本比率：财务比率四类之3

这是想了解本业营业净利占资本额的比率。

台积电为145.78%，本业营业净利是资本额的1.4578倍。

2. 税前净利占资本比率：财务比率四类之4

这是想了解本业与营业外收支占资本额的比率。台积电为148.86%，即税前净利是资本额的1.4886倍。

3. 每股盈余分成两项

（1）基本每股盈余：财务比率四类之6。

这是报刊上常见的每股盈余，加上“基本”是想跟“稀释”每股盈余不同。由于2014—2016年台积电资本额皆未改变，所以2016年期初跟期末资本额的平均数都是2,593亿元。

（2）稀释每股盈余：财务比率四类之7。

这是指可转换证券（可转换特别股或可转换公司债券）转换成普通股后造成的基本每股盈余稀释。

2012—2016年台积电没有稀释的情况，所以基本每股盈余跟稀释每股盈余的数据相同。

4. 权益报酬率：财务比率四类之2

由表4-48可见，每股盈余跟权益报酬率的分子是净利。

2016年台积电权益报酬率达24.05%。财务比率四类获利能力中有6小类指标，只要有1个以上的指标，就大抵可知道其为了不同用途会“职有专司”，例如量血压时会有3个数字：收缩压、舒张压与心跳数，这3个数字可单独推论出血压、心脏等健康程度。

获利除以投资额可以计算报酬率，分母有损益表、资产负债表两个角度，损益表只有 1 个指标、资产负债表有 5 个指标（表 4－48 不附资产报酬率）。

表 4－48　六种获利指标：以 2016 年台积电为例

	财报/会计科目	财务比率公式	金额/亿元	2016 年情况
一、损益表	（1）营收净额		9，479	100%
	（2）毛利	（2）÷（1）＝毛利率	4，731	49.91%
	（3）营业净利		3，780	
	（4）税前净利		3，860	
	（5）净利	（5）÷（1）＝纯益率	3，343	35.27%
	*综合损益	四类之 5 纯益率		
二、资产负债表	（6）资本额		2，593	
	（7）股数	加权平均股数	259.3	
	（8）权益	期初、期末平均权益	13，900	
	权益面	获利指标		
	（9）营业净利占资本额比率＝（3）÷（6）	四类之 3	145.76%	营业净利是资本额的 1.4576 倍
	（10）税前净利占资本额比率＝（4）÷（6）	四类之 4	148.84%	税前净利是资本额的 1.4884 倍
	（11）每股盈余＝（5）÷（7）	四类之 6	12.89 元	股票面额 10 元，每股赚 12.89 元，一年赚一个资本额
	（12）权益报酬率＝（5）÷（8）	四类之 2	24.05%	（12，226＋13，900）÷2＝13，063

15-2 获利能力分类与负责部门——董事会、管理层

一、董事会负责的获利指标

由表4-49可见，董事会向股东负责，股东出钱称为“业主权益”，所以把此当成股东投资，据以计算4种投资报酬率，依损益表获利业主权益细项科目顺序排列如下。

表4-49 资产负债表

资金去路	资金来源
资产	负债 业主权益 资本额→股数
四类之1 资产报酬率 $=\frac{净利+利息(1-税率)}{平均资产}$ 详见单元15-4 税率是指有效营所税①税率	四类之2 权益报酬率 $=\frac{净利}{平均权益}$ 四类之6 每股盈余 $=\frac{净利}{股数}$ 详见单元15-5、单元15-6

(1) 营业净利占资本额比率。

这是衡量股东出资100元，税前本业可赚的百分比。

(2) 税前净利占资本额比率。

(1)(2)两项都是税前。考虑税前原因有二：一是前后期比较（因为前年亏损会使本年有盈余，因此有抵税效果）；二是跨国比较（各国公司所得税的税率不同）。

(3) 每股盈余（详见单元15-5）。

(4) 权益报酬率（详见单元6-1）。

(5) 四类之2、四类之3、四类之4的分母皆应是年初与年底的平均数。

① “营所税”即“营利事业所得税”，中国大陆称之为“企业所得税”。

二、总经理负责的获利指标

总经理负责的获利指标有两个：

1. 损益表方面的纯益率

营收 100 亿元，赚 10.2 亿元，纯益率为 10.2%，大抵可以说，每卖 100 元商品/服务，赚 10 元。

2. 资产负债表方面的纯益率

总经理该为资产报酬率负责，属于资产负债表的资产面。

小博士的话

张忠谋认为台积电自 2017 年起营收成长率为 5%～10%

时间：2017 年 6 月 8 日

地点：中国台湾新竹市

人物：张忠谋

事件：在股东会中，张忠谋表示，1989—2000 年，台积电营收成长率为40%～50%，2000 年之后，整个半导体市场营收成长率只有 4%～5%，台积电的营收成长率总是比产业平均营收成长率高，2012—2016 年台积电营收成长率为 10%，主要动能来自智能型手机市场，未来几年的目标是营收成长率为 5%～10%。

知识维生素

外资证券分析师对台积电预估营收的看法

时间：2016 年 7 月 13 日

地点：中国台湾台北市

人物：摩根士丹利证券半导体分析师詹家鸿

每年有 4 个季度，在每个季度第一个月中，台积电举行法人说明会，往往会针对这一季度营收提出预测值。

詹家鸿表示，台积电营运展望通常给得相对保守，实际表现优于预期。从 2010 年第一季度起的 25 个季度，台积电未达到财测目标的次数才两次，绝大多数时间都优于财测值，为 1%～3%。

（整理自《工商时报》，2016 年 7 月 13 日，A2 版）

15－3 台积电与联电获利能力比较

有比较才知道差异，拿台积电跟联电获利能力来比一比。

一、趋势分析

1. 损益表方面：毛利率、纯益率每年平均提升1%

由表4－50可见，台积电靠先进制程以较高价接较高规模的订单，所以损益表方面两个获利指标每年平均提高1%。

2. 资产负债表方面：资产报酬率、权益报酬率每年平均减少0.5%

因为砸大钱扩厂，资产报酬率、权益报酬率成长速度比净利快，所以资产负债表方面的资产报酬率、权益报酬率每年平均减少0.5%。

表4－50 2012—2017年台积电和联电5种获利能力

公司	项目	2012年	2013年	2014年	2015年	2016年	2017年
台积电	（1）毛利率	48.1%	47.1%	49.5%	48.7%	50.0%	35.0%
	（2）纯益率	32.78%	31.49%	34.58%	35.27%	35.27%	—
	（3）资产报酬率	19.19%	17.11%	19.33%	19.62%	19.03%	—
	（4）权益报酬率	24.68%	24.00%	27.86%	27.04%	25.06%	14.38%
	（5）每股盈余	6.42元	7.26元	10.18元	11.82元	12.89元	230.00元
	股价	97.0元	105.5元	141.0元	143.0元	200.0元	216.0元
联电	（1）毛利率	16.8%	19.0%	22.7%	21.9%	21.0%	—
	（2）纯益率	3.66%	9.78%	8.20%	8.68%	2.61%	3.00%
	（3）资产报酬率	1.63%	4.35%	3.96%	4.07%	1.35%	—
	（4）权益报酬率	3.01%	6.16%	5.66%	6.00%	3.75%	—
	（5）每股盈余	0.62元	1.01元	0.97元	1.08元	0.68元	1.00元
	股价	12.9元	12.3元	13.4元	13.1元	13.0元	15.0元

二、2016年情况

1. 损益表方面

营收成长率为12.38%，净利成长率为10.8%，净利成长较慢。

2. 资产负债表方面

每股盈余小幅进步，2015 年 11.82 元需扣掉 0.75 元的投资收入，2016 年 12.89 元是 100% 本业赚的。

三、台积电跟联电比较

可分成两个比较期间：

1. 2012—2016 年的 5 年比较，数字见表 4－52

（1）损益表方面。

（2）损益表和资产负债表方面。

2. 2015 年比较

（1）损益表方面，台积电约超过联电 30%。

（2）资产负债表方面，台积电超过联电 15% 以上。

台积电每股盈余是联电的 10 倍，以 2016 年来说，台积电为 12.89 元，联电为 0.68 元，台积电是联电的 19 倍。差别还在于毛利率，联电的制程技术落后于台积电 1 年，所以必须跟格罗方德、中芯等在 28 纳米等制程上削价竞争，客单价拉不上去，毛利率就低至 20%。而台积电靠 14 纳米制程等享受蓝海市场，客单价高（举例：一片晶圆为 2,000 美元），在同样的成本下，毛利率维持在 50% 的高水平。

知识维生素

每股盈余跟权益报酬率的关系

在投资管理书刊中，像杂志《今周刊》每年至少会例行公事，刊出一篇以“权益报酬率”为主题的文章来挑选股票。这比每股盈余能更全面地衡量出公司权益的获利能力。

每股盈余的优点在于由每股盈余乘上本益比，可求出股价；由预估每股盈余、本益比，可求出投资价位。

$$本益比=\frac{股价}{每股盈余}=\frac{200\text{ 元}}{10\text{ 元}}=20\text{ 倍}$$

20 倍是计算出来的结果。

15－4 台积电的资产报酬率

董事会为总经理设定的最重要的绩效目标是资产报酬率，因此获利能力中的6个指标之一便是资产报酬率。

一、资产报酬率

由表4－51式（1）可见，资产报酬率是加权平均的资产报酬率。

1. 式（2）对照看

资产报酬率分配给两项：一是付给债权人；二是付给股东。

2. 总经理

总经理是在已知资产（尤其是负债金额）与资金来源的情况下去管理的，为"除税后利息＋净利＝台积电的资产报酬率"负责。

表4－51 资产报酬率与资产周转率

• $资产报酬率 = \frac{除税后利息+净利}{营收} \times \frac{营收}{资产}$ （1） • $资产周转率 = \frac{营收}{平均资产}$ （2）
• 除税后利息＝利息×（1－TC） TC：营所税，C 代表 company，T 代表税率 • 以2016年台积电为例 营收9,749亿元 净利3,343亿元
除税后利息＝33.06亿元×（1－13.37%）＝28.64亿元 $营所税税率 = \frac{所得税}{税前净利} = \frac{516亿元}{3,859.6亿元} = 13.37\%$ 2015年资产16,575亿元 2016年资产18,865亿元 两年平均资产17,720亿元 • $资产报酬率 = \frac{3,343亿元 + 28.64亿元}{17,720亿元} = 19.03\%$ 财报上数字为19.03%

二、台积电的资产报酬率

下面我们计算台积电与联电的资产报酬率，进而比较两家公司总经理们的管理能力。

1. 台积电的趋势分析

由表 4－52 可看到台积电过去 5 年的资产报酬率。随着行业竞争越来越激烈，削价抢单等现象越来越严重，其资产报酬率从 2006 年的高点逐年微幅下滑，维持在 19% 附近。

2. 2016 年 19.03%

跟 2015 年的 19.62% 差不多。

3. 台积电跟联电比较

由表 4－52 可见，台积电资产报酬率比联电高出不少，也就是说，台积电比联电更会赚钱。

表 4－52　2012—2016 年台积电与联电的资产报酬率

公司	2012 年	2013 年	2014 年	2015 年	2016 年
（1）台积电资产报酬率/%	19.19	17.11	19.33	19.62	19.03
（2）联电资产报酬率/%	1.63	4.30	3.96	4.07	1.35
（3）＝（1）÷（2）	11.77	3.98	4.88	4.82	14.10

小博士的话

联电的产能利用率为 88%

时间：2016 年 7 月 8 日

地点：中国台湾台北市

人物：证券分析师

事件：2016 年，8 英寸厂受惠于面板驱动 IC 及银行智能卡芯片订单强劲，产能满载。下半年订单集中在通信、车用电子及指纹辨识芯片等应用方面，12 英寸（28 纳米、40 纳米制程）和 8 英寸产能利用率将持续拉升到 90%。

（整理自《经济日报》，2016 年 7 月 8 日，C3 版）

15－5 每股盈余

站在公司股东的角度，了解公司权益报酬率就可以判断董事会替股东赚钱的能力，但却无法推估出适合投资的股价，这就得靠每股盈余与本益比了，因此财报分析中把“投资管理”课程中的每股盈余也纳入其中，以下阐释之。

一、分子：净利减特别股股息

每股盈余中的“股”是指普通股。在权益中两种股票的特别股受偿权利优于普通股。

1. 净利减特别股股息

普通股股东要等公司特别股股东先“吃”（分配）（一般特别股保障收益率在3%以上），“吃”剩下的，才是普通股股东可以“吃”的。

2. 简记成“净利”即可

2000年以来，由于特别股股本小（约5亿元），易被主力炒作，证交所盯得紧，上市公司嫌申请麻烦，特别股完全绝迹，因此净利减特别股股息中的特别股股息其实没有什么内容。

二、分母：加权平均流通在外股数

“流通在外股数”这个名词绕了一圈后，竟然跟实收股数差0.1%。

1. 流通在外

“实收股数减库藏股”这名词太长，因此取其意思记为“流通在外股数”，库藏股的英文字意是摆在公司财务部的股票，没有在股市流通。

2. 简记成“实收股数”即可

上市公司大都在股价重挫时向证交所申请实施库藏股计划，以收购股价宣示护盘，然而，库藏股计划的股数常占实收股数的1%，而实际执行率通常只有10%（口水护盘）。纵使实施库藏股计划，回收股数也只有约0.1%，对实收股数几乎没影响。

三、每股盈余的含义

以一般面额10元来说，每股盈余代表公司每股能赚多少钱。

1. 平均值为2.33元

2015—2016年，900家上市公司的平均税前每股盈余为2.33元，在这之上的称为“绩优股”，低于1元的称为“绩差股”。

2. 各行业略有差异

各行业受所处产品生命周期阶段（导入—成长—成熟—衰退）的影响，行业平均值各有不同。

表 4－53　每股盈余公式

$$每股盈余 = \frac{净利 - 特别股股息}{加权平均流通在外股数}$$

表 4－54　比较现代的用词

1. earning：这是个早期的用词，如今已换成净利（netincome），所以 EPS 正确的译法为每股净利（net income per share） 2. per：每（each），例如：GDP per capita，人均总产值，或人均国内生产金额 3. share：股份，一张股票是 1,000 股	特别股股息 = 特别股余额 × 保障收益率 例如 5 亿元 × 3% = 1,500 万元 特别股有两种 • 一般特别股 • 可转换特别股国际财务会计准则规定：当可转换特别股有（限期）强制赎回且股息强制支付的情况时，应视为债务（如可转换公司债券）	1. 流通在外股本 = 实收股本 − 库藏股股本实收资本额，包括限制型股票： • 员工认股，3 年内无法买卖 • 私下募集，冻结交易 2 年 2. 库藏股 1 年以上视为减资 3. 流通在外股数：流通在外资本额除以 10 元得到流通在外股数，台湾的公司股票面额 10 元（除了 F − 太景为 1 元外），所以已知台积电实收资本额为 2,593 亿元，把小数点往左移位，得到股数 259.3 亿股 4. 加权平均股数 1 年内会因减资、增资、股票配股等受到影响

15－6 台积电的每股盈余

台积电的每股盈余可用“少女十八变”来形容，关键在于控制资本额（2004年以来几乎纹丝不动），但盈余却稳定成长，于是每股盈余约5年就往上提升一个级距，相比之下，联电一路走来，始终如一。

一、趋势分析

拉长10年以上来看台积电的每股盈余，可以发现如同上阶梯般，有两个阶段。

1. 从2004年起，突破3元

从2004年起，每股盈余由2字头进入3字头以上。

2. 从2010年起，突破6元

从2010年起，台积电获利能力更上一层楼，由表4－55可看出，台积电每股盈余已突破6元，只有2011年因欧债风暴影响，欧洲市场需求下滑，台积电每股盈余小幅下降到5.8元。

2014年台积电每股盈余为10.18元，迈入“一股赚一股”的少数顶尖绩优股之列，2015年维持此佳绩。

表4－55 2016年台积电与联电每股盈余比较

项目	联电	台积电
（1）净利/亿元	86.29	3,343.00
（2）加权平均股数/亿股	126.9	259.3
（3）每股盈余/元＝（1）÷（2）	0.68	12.89

二、2015年情况

2015年每股盈余10.82元，可分成两项：

1. 营业外收入，每股贡献0.75元

因出售荷兰艾司摩尔持股，税前获利214亿元，每股贡献0.75元。

2. 本业10.07元，比2014年增加0.9元

跟2014年相差不多。

三、2016年情况

2016年台积电没有外快可赚，100%的净利都来自本业，每股盈余12.89元。

四、台积电与联电比较

台积电跟联电的每股盈余差异由两个角度切入分析：

1. 水平值差距

2010年台积电每股盈余比联电高4.33元，2016年高9元，差距越拉越大。

2. 倍数

2010 年台积电每股盈余是联电的 3.27 倍，2016 年提升到 18.95 倍（见表 4－56），差距倍数越来越大。

知识维生素

本业每股盈余小档案

证券分析师比较重视的是本业持续性净利，排除一次性的亏损或净利。

针对很久发生一次的火灾、地震带来的意外损失，会予以还原。同样地，一次性意外收入（例如土地被征收、领取补偿金）不算。

知识维生素

每股盈余小档案

时间：1950 年

国家：美国，后来逐渐流传到各国

财务比率四类之 6，基本每股盈余 $= \frac{\text{净利}}{\text{股数}}$

财务比率四类之 7，稀释每股盈余 $= \frac{\text{净利}}{\text{稀释后股数}}$

稀释是指下列三种具有转换成普通股的权证：

（1）可转换公司债券。

（2）可转换特别股。

（3）员工认股选择权。

在价内时，应视为持有人会转换成普通股。

15－7 台积电的经营绩效与股价

许多人喜欢以股价营收比、本益比、股价净值比等三种倍数法来预测股价。

在此以“知识维生素”中莫伊的主张为灵感，以变动率来分析。2011—2016 年的三种经营绩效的变动率，如表 4－56 所示。

表 4－56　2011—2016 年台积电的三种经营绩效跟股价的比率

项目		2011 年	2012 年	2013 年	2014 年	2015 年	2016 年
1. 营收/亿元		4, 271	5, 062	5, 970	7, 628	8, 435	9, 479
变动率/%		1. 81	18. 52	17. 94	27. 77	10. 58	12. 37
2. 净利/亿元		1, 342	1, 662	1, 881	2, 639	3, 066	3, 433
变动率/%		－17. 00	23. 85	13. 18	40. 30	16. 18	11. 97
3. 每股盈余/元		5. 18	6. 41	7. 26	10. 18	11. 82	12. 89
变动率/%		－17. 00	23. 75	13. 26	40. 22	16. 11	9. 05
4. 股价	收盘价/元	85. 0	97. 0	105. 5	141. 0	143. 0	190. 0
	变动率/%	13. 00	4. 80	21. 20	8. 50	35. 50	32. 87

一、营收百分比与股价百分比（15.3%：14.4%）

以营收 20%、10% 来划分积极成长股、成长股，台积电属于成长股，营收成长股几乎跟股价报酬率（或变动率）呈现 1∶1 的比例。以台积电来说，营收成长 1. 06% 可推动股价上升 1%。

二、净利百分比与股价百分比（15.2%：14.4%）

由于营收水涨船高，净利跟着年年涨。净利成长率跟着股价成长率呈现 1∶1 的比例，即净利成长 1. 056% 可推动股价上升 1%。

三、每股盈余百分比与股价百分比（15.2%：14.4%）

由于股数 5 年不变，所以每股盈余成长率反映出净利成长率。这是少数巧合的情况。

小博士的话

张忠谋建议投资人买进台积电股票

时间：2017 年 6 月 8 日

地点：中国台湾新竹市

人物：张忠谋

事件：在股东会上，张忠谋表示，台积电股票表现非常好，也相当健康，希望台湾的投资人可以多投资台积电，每天都有机会买进股票，对台积电有信心的话，当然可以多投资。

小博士的话

张忠谋小档案

出生日期：1930 年 7 月 10 日

任职：台积电董事长

经历：台湾“工业技术研究院”院长（1985—1987）、美国德州仪器资深副总裁

学历：美国斯坦福大学电机工程博士

荣誉：媒体每年票选最受尊崇企业家，多年维持第一，有“晶圆代工教父”之称

知识维生素

《寻找下一只飙股》图书小档案

作者：莫伊

出版时间：2008 年

出版公司：远流出版公司

主要重点：以投资美国星巴克股票为例，一家公司的股价几乎百分之百随着它的每股盈余成长波动，因此长期来说，每股盈余成长率最高的公司，就是报酬率最高的公司。

知识维生素

美银美林证券对台积电 2017—2019 年的预测

项目	2017 年	2018 年	2019 年
营收/亿元	9, 970. 60	11, 038. 32	11, 860. 13
毛利率/%	50. 50	50. 50	50. 30
纯益率/%	40. 10	40. 70	40. 70
每股盈余/元	13. 69	15. 31	16. 53

资料来源：《美银美林证券研究报告》，2017 年 6 月 15 日。

15－8 股价与本益比的关系——以台积电为例

台积电是台股的“权值王”（简称“权王”），其股价、本益比影响指数的点数、本益比，所以在此有必要进行说明、预测。

一、EPS、PER 已成投资人熟悉的外来语

日常生活中有些美国公司的简称，例如 IBM、3M，电子组件 DRAM、LED 等，有时用习惯了，竟忘了它们是简写，不知道其全名、中文名称。同样地，偶尔看电视新闻记者访问在证券公司大厅看股盘的投资人，他说：“大立光 EPS 170 元，比预期差。”每次看到这些投资人讲英文就觉得可爱，他们可能不知道 EPS 的全名及计算方式，但对其含义倒是很了解。由公式可见，本益比是个虚拟观念，是股价除以每股盈余的商数，将股价视为投资人买股的成本，将每股盈余视为买股的利益。10 倍本益比表示（单利情况）10 年还本，花 100 元买 1 股股票，每股盈余 10 元，10 年还本。

二、股价

股价要跟本益比一起看，单纯从技术分析来看，2008 年以来台积电股价的区间如下。

（1）历史低点 2009 年 38.7 元：2008 年 9 月 15 日，美国金融海啸爆发，台股指数在 2009 年 1 月降到低点 3,941 点，台积电股价在 2008 年 12 月创下 36.50 元的最低纪录。但是 2009 年 1 月 38.7 元是常用数字。

（2）最近历史高点是 2015 年 3 月的 155 元：台股指数在 2015 年 4 月 28 日被金融类股份狂拉到 10,014 点，3 月台积电股价达到高点 155 元。5 月指数重挫，台积电被拖累，8 月到达低点 138.5 元。

三、张忠谋讨论股价

2014 年 10 月 25 日，台积电举办运动会，记者们去访问张忠谋对股价的看法，他表示：“台积电股价才 120 元（注：10 月 24 日 125.5 元），并不算贵，要是手头有一些钱就可以考虑买股票。”

四、趋势分析

由表 4－58 可看到台积电 2011—2016 年的本益比。

（1）本益比约 12 倍：台积电在美国发行美国存托凭证，本益比就近跟美股中的英特尔挂钩，2014 年台积电本益比降低，只剩约 14 倍，2015 年约 12 倍。

（2）年本益比两种衡量方式：衡量一年的本益比，至少有两种股价：一是年底封关日股价，一是平均股价，详见表 4－58。

五、台积电与联电比较

在各项财务比率上，台积电大都优于联电，台积电股价是联电的 6 倍以上，且差距逐渐扩大到 14 倍。

表 4－57　投资学对股价的计算方式

股价＝每股盈余× 本益比＝每股盈余×（股价÷每股盈余）

表 4－58　2011—2016 年台积电与联电股价与本益比

公司	项目	2011 年	2012 年	2013 年	2014 年	2015 年	2016 年
台积电	（1）股价（年底）/元	75.8	97.0	105.5	141.0	143.0	190.0
	（2）股价（平均）/元	72.1	84.1	104.0	123.0	140.0	170.0
	（3）每股盈余/元	5.18	6.41	7.26	10.18	11.82	12.89
	（4）本益比（年底股价）＝（1）÷（3）	14.63	15.13	14.53	13.85	12.10	14.74
	（5）本益比（平均股价）＝（2）÷（3）	13.92	13.12	14.33	12.08	11.84	13.18
联电	（1）股价（年底）/元	12.7	11.7	12.4	14.8	12.1	13.0
	（2）股价（平均）/元	13.8	12.9	12.3	13.4	13.1	12.4
	（3）每股盈余/元	0.84	0.62	1.01	0.97	1.08	0.68
	（4）本益比（年底股价）＝（1）÷（3）	15.12	18.87	12.23	15.21	11.20	19.12
	（5）本益比（平均股价）＝（2）÷（3）	16.43	20.81	12.18	13.81	12.13	18.24

知识维生素

台积电与联电本益比对比

（1）本益比比较，联电胜：由表 4－58 可见，联电的本益比略高于台积电，可能原因为台积电日成交量（约 2.58 万张）是联电（1.84 万张）的 1.4 倍，联电资本额只有台积电的 50%，一来一往，联电变现能力强，主要是散户在买。

（2）谈不上比价伦理：股市同行业中的一哥、二哥间有比价伦理，但没人会主张比价伦理。

台积电与联电股价对比

（1）联电 1994 年股价 110 元：1994 年，联电每股盈余 7.55 元，股价达历史高点为 110 元；1995 年每股盈余 10.01 元，创历史纪录，股价 100 元。

（2）台积电 1994 年起股价领先联电，1994 年 8 月，台积电股票上市，每股盈余 10.81 元，股价 157 元，达到历史高点。

Date ______ /______ /______

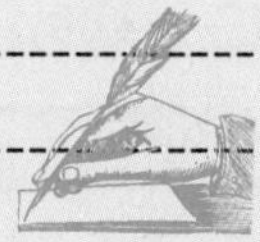

第 16 章
财务比率五类现金流量

16－1　现金流量表的运用情况
16－2　现金流量表快易通
16－3　现金流量类财务比率快易通
16－4　现金流量比率、现金速动比率
16－5　台积电的现金流量比率
16－6　净营业现金流量允当比率
16－7　台积电的净营业现金流量允当比率
16－8　现金再投资比率
16－9　台积电的现金再投资比率

16－1 现金流量表的运用情况

会计年度，中国台湾地区采取跟日历一样的历年制，美国大都采取每年 10 月到来年 9 月，有些公司为了避免业务人员堆货，甚至采取 4 周制，一年 52 周分为 13 个循环。光一个会计年度，全球就不一致。同样地，针对公司的获利，主流看法是看损益表上的盈余，少数人主张看自由现金流量，因而推衍出财报比率五类现金流量 3 个财务指标。这些财务指标较难懂，甚至有些会计教授也觉得公式怪怪的，我们较少使用，因此放在本书最后两章进行论述。

一、有人主张用“每股自由现金流量”来表达才正确

公司股价等于每股盈余乘以本益比，有些人认为每股盈余要用“每股自由现金流量”来表达才正确。

1. 盈余、每股盈余的缺点

制造费用中的很大比重是固定资产的折旧费用，这是历史成本，一旦厂房建造成本、设备重置成本远高于过去，那么净利便低估了折旧费用。

2. 自由现金流量才是正确观念

一般情况下，当固定资产（房地产、厂房及设备）的价格与日俱增，每年汰旧换新的资本支出大于折旧费用时，自由现金流量往往小于净利。

3. 便宜行事

问题是外界人士怎么判断固定资产的重置成本，进而估算重置折旧费用呢？外资券商、《财讯》的做法可以说是便宜行事。

自由现金流量＝营业现金流量－投资现金流量

如表 4－59 所示，以 2016 年台积电为例，自由现金流量为 1,444 亿元，只有净利的 44.5%。

表 4－59　2016 年台积电与联电两种获利

项目	联电	台积电
（1）自由现金流量/亿元	－336.40	1,444.00
＝营业现金流量/亿元	464.50	5,398.00
－投资现金流量/亿元	800.90	3,954.00
（2）净利/亿元	86.29	3,243.00
（3）自由现金流量÷净利＝（1）÷（2）	－3.900	0.445

二、投资现金流出

在现金流量表中，投资活动现金流出正常情况下 90% 以上是购置固定资产，以此金额作为汰旧换新的必要资本支出有两大问题。

1. 当购置固定资产的期间很集中时

在单元8－5中已举例说明台积电资本支出“一大两小”，即每三年中有一年跨大步、两年跨小步。所以任何一年的资本支出都不足以衡量重置折旧费用。

2. 当有人操纵时

当公司预期盈余将不达标时，最直接的做法是砍广告费、砍研发费，以成就今年的盈余达成目标率，但却牺牲了明年的动能。同样地，也可操纵投资现金流出金额，最简单的做法是少买机台等。

知识维生素

现金流量表上的结果

举例说明，年初银行存款50万元，今年净现金流量20万元，即年底现金70万元。

为了简化用词起见，本单元中的“现金及约当现金”简称“现金”。

(1) 年初现金（去年存量）：上一年12月31日的年终现金，到了今年1月1日改称“年初现金”。

(2) 今年现金流量增加额：今年三项活动的现金流入减流出的净额相加，得到现金增加额（有可能是负值），即今年现金流量的净额。

(3) 年底现金（年初存量加今年流量）：年初存量加上今年增加额，得到年底现金。年底现金减掉待出售非流动资产的现金，得到资产负债表上的现金。

(4) 资产负债表上的现金及约当现金：台积电资产负债表上资产面第一小项现金及约当现金为5,412亿元，占资产的29%，仅次于固定资产的53%。

16－2 现金流量表快易通

财报分析的基本知识是大一的初级会计学的内容，教材里有一章是编制现金流量表。到了大三的财报分析课有些书又用一章再进行温故知新与深入介绍。

本单元采取图标的方式（见表4－60、表4－61），让你看出损益表、资产负债表是因，现金流量表是果。

一、现金流量表的成分

由现金流量表第一列可看到，一家公司的现金流入、流出分成三大类项目：

1. 营业活动

这包括两个法人（公司）主体。

（1）本公司：本公司营收中的现金收入、成本与费用中的现金支出。

（2）关系企业：主要是营业外收入中的采用权益法认列之关联企业及合资公司损益份额。

2. 投资活动

主要指资产负债表的资产面，即资金去路，投资现金流量中较特殊的是固定资产的买卖。

（1）流入：卖固定资产，对一般公司来说，此项多年才会有大金额。

（2）流出：买固定资产。

3. 筹资活动

主要指资产负债表右边的资金来源。

现金流量表一般分为模式表列与直式表列，为了方便说明，本书现金流量表采取横式表列方式。

二、财报上净营业现金流量的做法

财报上净营业现金流量的做法是以损益表的结果盈余去往上加、减。

1. 加上非现金支付成本与费用

营业成本中的非现金支付：应付账款、折旧费用。

2. 减去营收中的非现金收入

主要指营收中的应收账款。

3. 其他项目

约20个会计科目，但金额不大，或说占净营业现金流量的比率低，为了简化起见，不予说明。

4. 只考虑第1、第2项，占净营业现金流量的92%

表 4 -60　损益表和资产负债表

损益表			资产负债表	
会计科目	不涉现金	现金收支	资金去路	资金来源
营收	应收账款	√	流动资产	负债
－营业成本	应付账款		• 现金流量表上的投资活动	
• 原料		√	非流动资产	权益
• 直接人工		√	• 现金流量表上的营业、投资活动	
• 制造费用	折旧费用			
＝营业净利 营业外收入		股利		
－营业外支出		利息		
－营所税费用		√		
＝盈余				

表 4 -61　现金流量表

项目		（1）流入	（2）流出	（3）净营业现金流量 ＝（1）－（2）
一、营业	1. 本公司	盈余	营所税费用	本业现金盈余
	2. 关系企业	营业外收入中的主要成分	转投资之现金股利	
二、投资	1. 本公司	买固定资产		
	2. 金融投资	卖股票	买股票	
三、筹资	1. 负债		还本支付利息	左述是营业外支出中的主要成分
	2. 权益			

表 4 -62　2016 年台积电现金流量表　　单位：亿元

项目	（1）流入	（2）流出	（3）＝（1）－（2）
营业	现金营收	现金成本费用	3, 859
投资	收回应收账款	购置固定资产	3, 280
	投资孳息与出售	买金融资产	
筹资	多借款	还款还息	－33
	增资	付现金股利	－1, 556
资产负债表			现金及约当现金增加数 －214

16-3 现金流量类财务比率快易通

财务比率五类现金流量有3个指标，以广角镜先看全景，可了解三者间左右前后的关系。

一、现金流量表名词简记

由表4-63可以发现针对“现金流量”用词，我稍有变动以方便记忆。

1. 省掉“活动”

由表4-63第一列可见，某项“活动现金流量”可以省掉“活动”一词，以节约用词。

表4-63 财务比率五类现金流量的3个财务指标

指标	公式	相似现金
1. 现金流量	$=\dfrac{\text{净营业现金流量}}{\text{流动负债}}$	二类偿债能力之1 流动比率 $=\dfrac{\text{流动资产}}{\text{流动负债}}$
2. 现金流量允当比率	$=\dfrac{\text{近5年净营业现金流量}}{\text{近5年“资本支出+存货+现金股利”}}$	一类财务结构之2 长期资金占固定资产比率 $=\dfrac{\text{长期资金}}{\text{固定资产}}$ （只考虑期间5年）
3. 现金再投资比率	$=\dfrac{\text{净营业现金流量}-\text{现金股利}}{\text{长期投资}+\text{固定资产毛额}+\text{其他非流动资产}+\text{营运资金}}$ 这很像1年期的现金流量允当比率。台积电的固定资产毛额可在2016年财报（二）附注十五中找到，为2.417兆元，其他数字亦可在财报中取得	

2. “净”

由表4-64第二列可见，以净营业现金流量为例，我们可以把“净”放在前面，也可以直接说“营业现金流量”，代表营业现金流入减流出的结果。

表4-64 现金流量表的用词

营业活动现金流量	营业现金流量
营业活动净现金流量	净营业现金流量 本写法比较容易突出“营业现金流量”的性质
最近5年	近年来，中国台湾地区的会计年度跟日历年一样，基于节约原则，书中谈到的中国台湾会计年度皆只用“年”一词

二、以表来示

同一类指标大同小异，由表 4－63 可见，财务比率五类现金流量 3 个指标的分子、分母分别来自两张报表。

1. 分子：现金流量表上的科目

3 个指标的分子皆来自现金流量表，且以净营业现金流量为准，小幅变动而已。发明此类公式的人也尽量用词简约，3 个指标皆省略“营业”一词，例如“现金流量比率”的全名为“净营业现金流量比率”，其余类推。

2. 分母：资产负债表上的科目

3 个指标的分母皆来自资产负债表，其中 2 个指标的分母大同小异。

三、公式内科目用词老化，本书企图做到亲民

3 个指标中有 2 个指标，分母有 3～4 个会计科目，原公式有两个缺点：

1. 不符合逻辑因此不易记

在本书中，针对公式内分母的科目会以图像方式进行排序，以便理解，先理解才记得住。

2. 旧名词令人摸不着脑袋

自从 2013 年国际财务报告准则实施以来，许多会计科目在财报中找不到，如资本支出、长期投资与营运资金，本章会细说“新”语。

这些科目，上市公司有机会“各自表述”，所以用一家公司的现金再投资比率去套算另一家公司，会有出入。

知识维生素

回归基本

上述 3 个指标可以说是资产负债表 3 个指标的现金版。

(1) 现金流量比率是现金版流动比率。

(2) 自由现金流量观念的运用。

在单元 16－1 中说过自由现金流量的定义，这是减法，在现金流量比率中则采取除法。

16－4 现金流量比率、现金速动比率

24～29岁的上班人士约有30%是“月光族”，每个月底都把薪水花光，甚至吃老本、寅吃卯粮（靠刷信用卡度日）。

生活中的“月光族”入不敷出，可说是公司现金流量比率的贴切说明，本单元做如下讨论。

一、现金流量比率的定义

由表4－65公式可看到现金流量比率的分子、分母：

（1）分子：净营业活动现金流量。

（2）分母：流动负债。

表4－65 现金流量公式

$$现金流量比率=\frac{净营业活动现金流量}{流动负债}$$

1. 含义：净营业活动现金流量够不够还债

由公式可以“望文生义”，即分子净营业活动现金流量够不够支付流动负债，讲白了，即本业现金收入减成本费用是否够还短期负债。

2. 及格标准：1倍

净营业活动现金流量是偿债的根本，要是本业力有不逮，那可能周转不灵，必须采用下列应急措施：

（1）从营业现金流量下手。

主要是采取提前与延后的做法。提前是指营收提前收进来，狭义指预收款，本处可指减少应收账款金额与天期。

延后是指成本费用的现金支出延后，狭义指以应付账款取代现金付款。

（2）投资活动卖股票来挹注周转金。

（3）筹资活动动用银行的信用额度来周转。

二、跟速动比率比较

由表4－66可见，把两个相似公式并排比较，大抵可看出同异之处。

1. 资产负债表资产面的速动比率

速动比率的数字来自资产负债表的上半部分。

2. 现金流量表与资产负债表的现金流量比率

现金流量比率的分子来自现金流量表的第一项，分母来自资产负债表的流动负债。

表4－66　速动比率公式与现金流量比率公式比较

资产负债表	资产负债表与现金流量表	
财务比率二类之1 速动比率 $=\dfrac{\text{速动资产}}{\text{流动负债}}$	财务比率五类之1 现金流量比率 $=\dfrac{\text{净营业现金流量}}{\text{流动负债}}$	
速动资产	净营业现金流量	
	（1）流入	（2）流出
现金及约当现金 金融资产 应收账款 其他流动资产	现金营收＋折旧费用	现金成本费用

知识维生素

逻辑上，速动比率大于现金流量比率

由表4－66下方的速动资产与净营业现金流量，可见一般情况下的速动资产远大于净营业现金流量，关键在于资产负债表是存量，是过去流量“月”积“年”累的结果。

鸿海的现金流量比率为12%。

16-5 台积电的现金流量比率

台积电是台湾盈余最大的公司，用逻辑来推论，其净营业现金流量一定很大。再加上负债比率中等（33%），流动负债顶多占负债的一半，如此一来，流动负债占资产的17%以下。

在看数据之前，便可以预判台积电现金流量比率极大。

一、趋势分析

由表4-67可见，和2015年相比，台积电2016年现金流量比率大幅度降低。

1. 分子成长速度快于分母

分子成长速度比分母快，结果是余数会越来越大；以分母来看，流动负债成长率为6%。

2. 分子成长来自盈余

2015—2016年，台积电营收平均成长率为15%、盈余平均成长率为12%，其他条件不变时，净营业现金流量也水涨船高。

表4-67 2012—2016年台积电与联电现金流量比率（%）

公司	2012年	2013年	2014年	2015年	2016年
台积电	191.93	183.05	209.70	249.67	169.63
联电	100.69	90.18	93.10	124.45	64.53

二、2016年情况

1. 现金流量比率为1.7倍

从表4-68中可以用公式计算出现金流量比率约为1.7倍。

表4-68 2016年台积电五类现金流量比率

比率	公式	2016年
一、现金流量比率	$=\frac{\text{净营业现金流量}}{\text{流动负债}}$ 净营业现金流量＝营业现金流入－营业现金流出	1.6964 倍 $=\frac{5,398\text{ 亿元}}{3,182\text{ 亿元}}$
二、现金流量允当比率	$=\frac{\text{净营业现金流量}}{\text{现金股利}+\text{存货增加额}+\text{资本流出}}$ （分母是本书依资产负债表资产面顺序排列）	财报上 1.0858 倍 $=\frac{5,398\text{ 亿元}}{4,971\text{ 亿元}}$

表 4-69　2011—2016 年台积电现金流量允当金额　　单位：亿元

项目		2011 年	2012 年	2013 年	2014 年	2015 年	2016 年
（1）净营业现金流量		2,476	2,850	3,474	4,215	5,299	5,398
（2）分母：依资产负债表资产面顺序排列	•现金股利	777.30	777.48	777.73	777.86	1,166.80	1,556.00
	•存货增加额	-35.66	130.00	-3.36	288.42	-7.18	92.00
	•资本支出	2,140	2,479	2,903	2,924	2,618	3,323

注：资本支出包括取得“固定资产+无形资产”

2. 远超过 1 倍

台积电现金流量比率极高主因是分母（流动负债）太小，占资产约 15%，而资产周转率（营收除以资产）为 0.5 倍。最简单的情况是营业成本中的非现金支出的折旧费用（占营收 24%），乘以资产周转率 0.5 倍，乘积数为资产的 12%。简单来说，光折旧费用的现金流量几乎足以支付流动负债。

三、台积电跟联电比较

由表 4-67 可见，台积电现金流量比率约是联电的 2 倍。

小博士的话

台积电的“夜鹰部队”

时间：2014 年 4 月

地点：中国台湾新竹市

人物：张忠谋

事件：2014 年初，台积电发现 10 纳米制程量产进度可能落后于三星半导体，张忠谋要求员工加快脚步跟上进度，用“夜鹰部队”的计划，打造三班制 24 小时的无时差研发工作。此类员工和其他同类员工相比底薪加 30%、分红加 50%，目标是“10 纳米制程在 2016 年达到量产”，工作地点在 12B 晶圆厂 10 楼研发部。

16－6 净营业现金流量允当比率

人摄取食物，进大于出才会有多余的卡路里转化成脂肪等。在财务比率中最像前述的便是现金流量允当比率，本书花两个单元说明。

一、净营业现金流量允当比率图像记忆法

在 22 个财务比率指标中，有 19 个分母皆是单一会计科目，只有现金流量类有 3 个指标的分母包括 2 个以上科目，这需借助图像来了解。

1. 分子：净营业活动现金流量

表 4－70 净营业现金流量允当比率公式

$$\text{净营业现金流量允当比率}=\frac{\text{近 5 年净营业活动现金流量}}{\text{近 5 年“资本支出 + 存货增加额 + 现金股利”}}$$

2. 分母：表 4－70 中的现金流出

由此比率公式的分母共包括 3 项，按表 4－70 第三列来记比较容易。

（1）营业现金流出：存货增加额。

（2）投资现金流出：资本支出存货增加额与资本支出在大一“经济学”课程中称为“投资”。

（3）筹资现金流出：现金股利，这是这个公式中最令人不解之处，其实可以换成利息费用。

表 4－71 现金流量表下的净营业现金流量允当比率

活动	（1）流入	（2）流出	（3）=（1）－（2）
一、营业		分母	
二、投资	右边称为“1、2 投资”	1. 存货增加额	分子
		2. 资本支出	
		• 购置固定资产	
		• 购置无形资产	
三、筹资		3. 现金股利	

3. 近 5 年

22 个财务比率指标中只有这个指标以“近 5 年”为期间，即旨在考虑“长期”，看长不看短。

由于时间涵盖 5 年，因此一般外界人士（包括学生）可能不会那么勤劳地把 5 年的数字找出来去算出结果。

二、净营业现金流量允当比率的本意

了解公式，就不用死记分子、分母。本比率有两种诠释：

1. 由表4－71可看到资产负债表的长期资金占固定资产比率

与本单元的现金流量表角度的净营业现金流量允当比率类似，套用“允当”一词，前者可称为“长期资金允当比率”。

2. 杠杆角度

把分母当成投入、分子（净营业活动现金流量）当成产出，即“一分耕耘，一分收获”。

表4－72　两个相似财务比率比较

资产负债表	现金流量表
一类财务结构之2 长期资金占固定资产比率 $=\dfrac{\text{非流动负债}+\text{权益}}{\text{固定资产}}$	五类现金流量之2 净营业现金流量允当比率 $=\dfrac{\text{近5年净营业活动现金流量}}{\text{近5年“资本支出}+\text{存货增加额}+\text{现金股利”}}$

知识维生素

证券分析师给台积电提建议

台积电2015年所创造的营运现金流量达168亿美元，足以支付81亿美元资本支出与43亿美元现金股利，甚至还留下44亿美元现金，由2012年的净现金流量30亿美元攀升至110亿美元。2015年6月29日，现金股利每股4.5元，花了154个交易日完成填息，与2010—2014年分别只花11个、3个、49个、8个、91个交易日完成填息相比，确实久了些，这是因为2015年大盘下跌10.8%。

2016年现金股利每股6元，外资券商半导体证券分析师陆行之指出，台积电每股配发现金股利由6元增至8元，权益报酬率会由23%微升至24%。

（整理自《工商时报》，2016年2月4日，A4版）

16－7 台积电的净营业现金流量允当比率

台积电盈余成长速度稳定，以此来看，考虑5年的净营业现金流量允当比率会“一瞑大一寸”。

表4－73 净营业现金流量允当比率公式

$$台积电净营业现金流量允当比率=\frac{近5年净营业活动现金流量}{近5年“资本支出+存货增加额+现金股利”}$$

一、趋势分析

由表4－73可见，台积电净营业现金流量允当比率逐年升高。

（1）分子成长速度大于分母。

（2）分子成长动力来自净利。

表4－74 2012—2016年台积电与联电的净营业现金流量允当比率（%）

公司	2012年	2013年	2014年	2015年	2016年
台积电	94.71	88.35	92.15	103.82	108.57
联电	68.49	86.40	90.40	89.14	75.74

二、2016年情况

2016年台积电的净营业现金流量允当比率比历年高，原因简单：

（1）分子成长。

（2）分母成长。

分母三项中资本支出略踩刹车，因半导体业成长率为3.11%，台积电营收成长率为12.38%，前景大好，担心机台不够用，于是加大了在机台上的支出。

三、台积电与联电比较

由表4－73可见，台积电净营业现金允当比率略高于联电。

小博士的话

台积电 2016 年年报：现金流量分析

分成三项：

(1) 本年度现金流量分析，净营业活动现金收入主要来自净利和折旧费用。

(2) 流动性不足的情况得到改善，没有现金流动性不足的情况。

(3) 未来一年现金流动性分析不适用。

知识维生素

台积电 2016 年现金股利 7 元

股东大会：2017 年 6 月 8 日。

每股配现金股利 7 元。

2009—2013 年每股配现金股利 3 元，2014 年为 4.5 元，2015 年为 6 元，2016 年为 7 元。

金额：1,815 亿元，创台股纪录。

原因：自由现金流量 1,444 亿元，闲置资金太多了。

16－8 现金再投资比率

2016 年台积电盈余 3, 232 亿元，资本支出 3, 322 亿元，再投资比率为 102. 8%。但现金再投资比率是什么呢?

一、现金再投资比率的图像记忆法

在 22 个财务比率指标中，现金再投资比率分母有 4 个会计科目。

1. 分子：净营业活动现金流量－现金股利

由表 4－74 可见，分子是从现金流量表中拿出其中两项。

2. 分母

由表 4－75 可见，分母有四类，依资产负债表的顺序重新排序如下：

（1）营运资金。有关营运资金，本处采用下列定义：

$$净流动资产=流动资产-流动负债$$

（2）长期投资。资产负债表上没有这个科目，可包括（长期持有）金融资产与转投资。

（3）固定资产毛额。这个会计科目在财报中附注“重大会计科目之说明”，这是个非常少见的概念，实质是从公司成立到上一年底所有固定资产的总额。

（4）其他非流动资产。长期投资、固定资产毛额以外的都归在其他非流动资产这一项中。

对我们来说，非流动资产三类是这么快速计算的：

非流动资产金额中的固定资产（净额）一项换由固定资产毛额来替代。以计算公式呈现如下：

$$非流动资产=营业资金+长期投资+固定资产毛额+其他非流动资产$$

表 4－75　五类现金流量之 3

$$现金再投资比率=\frac{净营业活动现金流量-现金股利}{固定资产毛额+长期投资+其他非流动资产+营运资金}$$

二、现金再投资比率

由分子、分母的成分，大抵可以推论出现金再投资比率有两个含义。

表 4 –76　现金流量表

	(1) 流入	(2) 流出	(3) 现金流量净额 = (1) – (2)
一、营业			
二、投资			
三、筹资		现金股利	

表 4 –77　资产负债表

资产	负债
(1) 流动资产	(2) 流动负债
	现金再投资比率分母四项
	(3) 营运资金 = (1) – (2)
	净流动资产 = 营运资金
(2) 非流动资产	
金融资产 转投资	长期投资
固定资产	
无形资产 递延所得税资产 存出保证金①	固定资产毛额在财报中附注房地产、厂房及设备等其他非流动资产
其他非流动资产	

① 存出保证金包括投标、购货和工程预付款。

16-9 台积电的现金再投资比率

2016年，台积电已成立30年，许多公司皆已迈进成熟期，新陈代谢速度很慢。但是台积电却有着蜂鸟（心跳每分钟600次以上）的体质，吸收的热量多，耗用的热量也多。台积电一年的资本支出约3,000亿元，将盈余的80%再投资下去，以求跑得更快。

一、趋势分析

由表4-78可看到，台积电的现金再投资比率逐年升高，这跟单元16-4现金流量比率分析方式相同，即分子成长速度大于分母。

分子中现金股利连续几年都为778亿元，只要净营业活动现金流量增加，分子就会成长。

分母中82%为固定资产毛额，由于台积电很久没设新厂，因此固定资产毛额成长率越来越小。

表4-78 台积电的现金再投资比率公式

$$台积电的现金再投资比率=\frac{净营业活动现金流量-现金股利}{固定资产毛额+长期投资+其他非流动资产+营运资金}$$

二、2016年情况

由表4-79可见，台积电的现金再投资比率为11.51%。

三、台积电与联电比较

由表4-80可见，2016年台积电的现金再投资比率是联电的2.8倍，即本业现金流量较多。

表4-79 2012—2016年台积电与联电现金再投资比率（%）

公司	2012年	2013年	2014年	2015年	2016年
台积电	11.46	12.16	13.04	13.76	11.51
联电	4.60	5.02	5.44	5.96	4.11

表 4－80　现金再投资比率：以台积电为例

项目	财务报表	台积电（2015 年）
（1）分子	现金流量表	
4, 131. 99 亿元	净营业活动现金流量－现金股利	5, 298. 79 亿元 －1, 166. 80 亿元 = 4, 131. 99 亿元
（2）分母		
30, 025. 96 亿元	资产负债表，底下依资产顺序排列	
A. 营运资金	= 流动资产	7, 467. 44 亿元
5, 345. 16 亿元	－流动负债	－2, 122. 28 亿元
		=5, 345. 16 亿元
B. 长期投资	备供出售金融资产	69. 10 亿元
349. 93 亿元	持有至到期日金融资产	39. 91 亿元
	采用权益法之投资	240. 92 亿元
C. 固定资产毛额	年报（二）财务报告	
24, 171. 77 亿元	附注十五：房地产、厂房及设备	
	2015 年底余额	24, 171. 77 亿元
D. 其他非流动资产	无形资产	140. 66 亿元
159. 26 亿元	存出保证金	4. 31 亿元
	其他非流动资产	14. 29 亿元
现金再投资比率 = (1) ÷ (2)		13. 76%

注：其他非流动资产是指房地产、厂房及设备科目以下的各项，但剔除递延所得税资产（2015 年的 63. 85 亿元），主因是营所税暂缴，无法随时拿回。

知识维生素

台积电“大同盟”小档案

时间：2014 年 10 月 11 日

人物：张忠谋

地点：中国台湾台北市

事件：联合研发，2013 年完成 20/16 纳米制程研发和产能建置

在台积电的“大同盟”中，台积电前十大客户和台积电加起来的研发经费就胜过三星集团和英特尔两家的总和，因此，“大同盟”能有更多的创新。

（整理自《天下杂志》，2014 年 10 月 15 日，第 191 页）

第 17 章
财务比率六类杠杆程度——营业风险和财务风险的衡量

17－1　公司风险快易通
17－2　杠杆程度快易通
17－3　从营业杠杆程度来看损益两平点
17－4　营业杠杆程度——营业风险的衡量
17－5　财务风险衡量
17－6　财务杠杆程度——财务风险的衡量
17－7　两种杠杆程度——以台积电为例

17-1 公司风险快易通

“富贵险中求”，“富贵”在损益表中指的是盈余（净利），“险”指的是公司风险。在有关财务管理的书中，以营运的财务杠杆程度来衡量公司的营运财务风险，这是本单元的重点。

一、公司风险的定义

1. 风险

大部分有关风险管理的书都会说：风险是指已知概率情况的不利结果。然后，会解释什么是“暴露”和“不确定”，这可在图4-3中看得一清二楚。暴露有有利结果和不利结果。

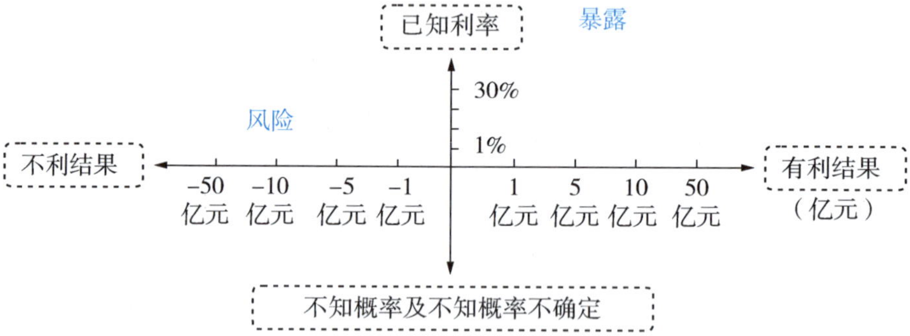

图4-3 风险与暴露的差异

“行船三分险”贴切地形容了搭船怕碰到翻船（船难）的危险。公司经营一样面临“可估计或已知”（概率）条件下，经营绩效不稳定的情况。

最直接地说，风险是指公司亏损，至少是重大信息揭露中所指的对营收、盈余或资产20%以上的不利冲击。风险是已知概率的不利结果，不确定指出现概率不知道。

2. 公司风险

表4-81可见经营公司的风险在于入不敷出，即因亏损以致还不起负债（本金与利息）。亏损俗称“烧钱”，钱烧光了，公司就散了。

表 4－81 公司风险的成分

项目	营业风险	财务风险
风险来源	• 营收－变动成本－固定成本 <0 营收－变动成本 $<$ 固定成本 • 在短期①生产点如下： 营收 $>$ 变动成本 $PQ>VC$ 除以 Q $P>\frac{VC}{Q}=AVC$	营业净利 $<$ 利息

3. 公司风险的结构

公司风险＝营业风险＋财务风险

二、营业风险

穿鞋的不跟光脚的拼，穿鞋的人怕鞋子踩到烂泥里，怕弄脏了鞋子以致瞻前顾后。套用这句俗语，穿鞋的人营业风险较高，鞋子是营运风险的来源。

三、财务风险

什么公司没有财务风险？详见本单元“知识维生素”。

知识维生素

什么公司没有财务风险

要回答这问题，需先了解财务风险的定义。财务风险指有负债，因无力还息，以致被债权人（主要指银行）向法院申请扣押抵押品，甚至进行清算抵押品以还债的风险。

零负债的公司没有财务风险。少数公司自称“零负债”，其本义是指“没有向银行贷款”。由资产负债表可见，银行贷款是负债的一大部分，其他还包括发行商业本票（CP）等。应付账款中当期所得税负债影响很大，一旦欠税，有关管理部门会向法院申请公司董事（长）出境管制，甚至管收（最多 60 天）。

① 经济学中“长期”是指产能不变，“短期”是指产能可变。

17-2 杠杆程度快易通

在财务管理中，称以小博大为“杠杆”，例如外汇保证金交易，用100美元可以玩1,000美元的外汇交易，杠杆倍数10倍，杠杆倍数越大，断头等风险越大。

在衡量公司营运、财务风险时，沿用杠杆观念，本单元先说明营运杠杆程度、财务杠杆程度的公式。

一、知其所以然：定义与推导

1. 英文符号以大一“经济学”课程为主

大一“经济学”课程中“个体经济”部分，对营收、成本性质（总成本对比平均成本、变动成本对比固定成本）的符号进行了统一，所以本书采用“经济学”课程中的代号，详见表4-82中的符号意义。

其中只有一个地方，财务比率更细分，即引进费用这一观念，但在财管书中又把成本与费用混在一起。

2. 简单的代数运算：推导

由表4-83中的定义到推导，都是简单的代数运算，如果以数字代入，约是小学三年级的数学程度。

二、知其然

表4-83中“五、求解结果”的式（3）、式（4）不需要死记硬背，但只需要知道定义，进行推导，仅花3分钟，照样可以得到这两个公式。

至于两种杠杆公式则留待单元17-4、单元17-6说明。

表4-82 本书对杠杆的中文用词

证交所用词	本书用词
营运杠杆度	营业杠杆程度
财务杠杆度	财务杠杆程度

表4-83 营业杠杆程度、财务杠杆程度衡量方式

项目	营业杠杆程度	财务杠杆程度
一、风险种类	营业风险	财务风险
二、衡量方式	营业杠杆程度	财务杠杆程度

续表

项目	营业杠杆程度	财务杠杆程度
三、定义	已知符号意义 P：售价 Q：销量 FC：固定成本 AVC：平均变动成本 $\pi = PQ - (AVC \times Q) - FC$ $DOL = \frac{\frac{\Delta\pi}{\pi}}{\frac{\Delta Q}{Q}}$ （1） （由销量不稳导致营业净利变动的程度）	I：利息 N：股数 T：营所税税率 $DFL = \frac{\frac{\Delta EPS}{EPS}}{\frac{\Delta\pi}{\pi}}$ （2） （当营业净利变动1%时，每股盈余变动的程度）
四、推导	$\Delta\pi = (Q_1 - Q_0)(P - AVC)$ $= \frac{\frac{\Delta Q(P-AVC)}{\pi}}{\frac{\Delta Q}{Q}}$ $= \frac{Q(P-AVC)}{Q(P-AVC) - FC}$	已知 $EPS = \frac{(\pi - I)(1 - T)}{N}$ $\Delta EPS = \frac{\Delta\pi(1-T)}{N}$ $\frac{\Delta EPS}{EPS} = \frac{\Delta\pi}{(\pi - I)}$ $\frac{\Delta EPS}{EPS} = \frac{\frac{\Delta\pi}{(\pi - I)}}{\frac{\Delta\pi}{\pi}}$
五、求解结果	$= \frac{PQ - VC}{PQ - VC - FC}$ （3） $= \frac{PQ - VC}{\pi}$ $\frac{\text{营收} - \text{变动营业成本及费用}}{\text{营业净利}}$ $= \frac{\text{固定成本及费用}}{\text{营业净利}}$	$= \frac{\pi}{\pi - 1}$ （4） $\frac{\text{营业净利}}{\text{营业净利} - \text{利息}}$

17－3 从营业杠杆程度来看损益两平点

由表4－84右栏可以知道营业杠杆程度、财务杠杆程度公式的分子、分母是公司损益表上面的一些科目。

表4－84 损益表

损益表	杠杆程度
营收	营业杠杆程度 $=\dfrac{\text{营收}-\text{变动营业成本及费用}}{\text{营业净利}}$
－变动营业成本及费用	
＝边际贡献	
－固定营业成本及费用	财务杠杆程度 $=\dfrac{\text{营业净利}}{\text{营业净利}-\text{利息}}$
＝营业净利	
＋营业外收入	
－营业外支出	
财务成本（即利息）	
＝税前净利	
－所得税费用	
＝净利	

一、从损益两平点谈起

开店当老板最重要的营业分析便是算出损益两平点。

1. 定义：盈余等于0，不赚不赔

“损益两平”本意是“打平”，化成方程式便是$\pi=0$。

2. 推导

推导的关键在于把总成本分解成变动成本、固定成本。

3. 求解结果

求出损益两平点公式。

4. 数字例子

如表4－85所示，快餐店是常见的店铺种类，为了方便计算，假设一个便当售价100元。

表 4-85　损益两平金额的计算

当 $\pi=0$ 时 $0=TR-TC$ $=PQ-(AVC\times Q+FC)$ $FC=PQ-VC\times Q$ $=Q(P-VC)$ $Q=\dfrac{FC}{P-VC}=\dfrac{FC}{1-\dfrac{VC}{P}}$ 两边乘上 P $PQ=\dfrac{FC}{P\left(1-\dfrac{VC}{P}\right)}$	已知便当店每月固定成本 10 万元，便当售价 100 元，平均变动成本 60 元 $Q=\dfrac{10\text{ 万元}}{100\times\left(1-\dfrac{60\text{ 元}}{100\text{ 元}}\right)}=2,500$ 个 （Q：损益两平销量）VC $1-\dfrac{VC}{P}$俗称“贡献率” 边际贡献 $=TR-VC$

二、图像记忆法

两个杠杆程度的分子、分母相似，主要来自损益表。

1. 固定成本

固定成本在此处包括损益表上的固定成本、固定费用，但是，外人无法得知这两个会计科目的数字。

2. 分母之一：营业净利

3. 分母之二：利息费用

三、套用经济学的说法

在大一“经济学”课程“个体经济的公司生产”部分中，公司短期生产决策成本分为两种，以劳工为例：

（1）变动成本：这是指根据公司营业状况，决定聘请多少派遣员工、兼职员工及增加多少工作时数。

（2）固定成本：这是指不管公司有没有营收，都必须支付正职员工薪资。

四、降低固定成本，就能降低营业风险

固定成本可以说是公司“甜蜜的负担”，甜蜜的原因是有固定班底，公司才有人提供基本服务；负担是指正职员工的薪资可能会压得公司喘不过气来。

17－4 营业杠杆程度——营业风险的衡量

营业杠杆程度是指1元固定成本能支撑多少营业净利，比率越低越好。同样地，公司营业也是用“小力”去支撑“大重量”，本单元做具体说明。

一、营业杠杆程度图示

由图4－4可看出营业杠杆程度图示。

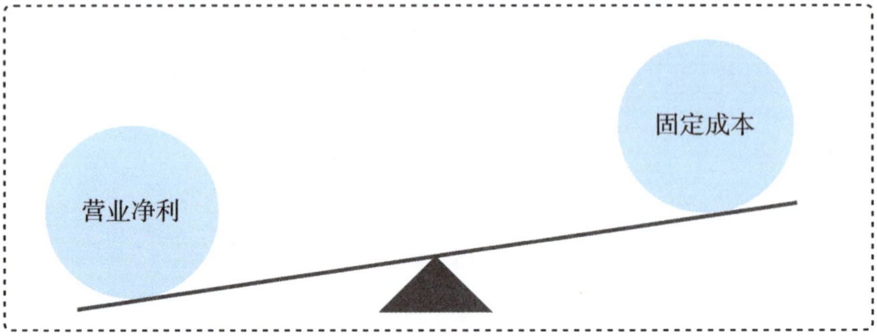

图4－4 营业杠杆程度图示

1. 分子：固定成本

由表4－86可见，分子固定成本构不构成压力，营业杠杆程度高低视营业净利而定。

表4－86 营业杠杆公式

$$营业杠杆程度=\frac{营收-变动营业成本及费用}{营业净利}=\frac{固定成本}{营业净利}$$

2. 分母：营业净利

要是公司固定成本小，那在分母营业净利固定的情况下，营业杠杆程度低，可用“游刃有余”来形容。

二、营业杠杆程度的含义

财报分析中的杠杆程度有风险管理中风险衡量的作用，以两小类杠杆程度来说，台积电的营业风险稍增、财务风险近于零。

1. 为什么式（1）的分母是销量

在表4－83中，式（1）令人较不易理解的是为什么分母是销量，而不是售价或营收？

（1）在个体经济中，价格是由市场供需决定的，而本公司较大的风险来自销量不够。

（2）分母本来应以营收为主，单独只考虑销量、销量增加量是为了方便推导，以得到想要的结果。

2. 除数：越大越不好

当分子（固定成本）越大，分母不变时，除数（即营业杠杆程度）越大，表示营运风险越大。

这种主张跟衍生性商品的杠杆倍数相似，即杠杆倍数越大，风险越大。

知识维生素

台积电机台贴绿色乖乖（漫画人物）

人物：台积电 14A 厂厂长

时间：2016 年 6 月 30 日

地点：中国台湾台南市南科 14A 厂

事件：台积电 14A 厂 222 生产线限定版乖乖（漫画人物）

在机台旁摆上乖乖，是工厂常见的现象，工程师无不希望机台乖乖地别出包：2 月 6 日台湾南部发生强烈地震，台积电位于南科的厂房严重灾损，其中以 14A 厂和 6 厂受创最深，出货延后 10～50 天。强震后，台积电调度 300 名工程师南下支持，14A 厂上下齐力展现高效率，让复工进度优于预期。厂长为鼓舞大家，在向乖乖公司定制的绿色乖乖上，除了印有“乖乖”和“tsmc”联名字样外，还印着“FAB14A222K 限定”，并印上 14A 厂的吉祥物黑琵。厂长身上披挂写着“我爱黑琵”的带子，带子下方还写着“你一包、我一包，机台乖乖不出包”。

（整理自《经济日报》，2016 年 6 月 4 日，A3 版）

17－5 财务风险衡量

“无债一身轻”贴切地形容了2017年192万个背负着房屋贷款6.45兆元（平均数336万元）家庭的心情。房贷（还本还息）负担率在40%以上，许多家庭年收入的40%以上要还房贷。

还房贷的生活压力大，精神压力可能更大，贷款者怕失业、怕收入减少以致无力还债，担心房子被银行收走，由法院拍卖后得款去清偿房贷余额。还清房贷后，许多人会如释重负地松一口气。

同样道理，让我们以更广的角度来看待财务风险，由表4－87可见，在财报分析中可以从两种指标的角度来衡量公司的财务风险。

表4－87 财务风险的衡量方式

资产负债表	
资产	负债
流动资产	流动负债
速动资产{现金、金融资产、应收账款} 存货 预付账款 其他	二类之2 速动比率 $=\frac{速动资产}{流动资产}$ 二类之1 流动比率 $=\frac{流动资产}{流动负债}$
非流动资产	非流动负债
	业主权益

一、偿债能力之一、之二：资产负债表

从资产负债表的角度来分析公司短期的财务风险，在假设公司损益表不赚钱、吃老本的情况下，是否能周转得过来。

1. 速动比率

资产负债表流动资产二分法分为速动资产、速动资产以外。速动比率用于衡量速动资产是否足以偿还流动负债。

2. 流动比率

流动比率用于衡量流动资产是否足以偿还流动负债。

二、偿债能力之三：损益表

财务比率二类之3利息保障倍数用于衡量公司赚的钱是否足以还息。这是从损

益表的角度来看。

以银行贷款的种类来说，这属于信用贷款，银行以借款公司的偿还能力来决定信用额度。

三、财务风险：财务杠杆程度

至于财务比率六类杠杆程度之2财务杠杆程度，跟利息保障倍数观念相近。

小博士的话

陆行之分析台积电的优势

时间：2016年8月29日

地点：中国台湾台北市

人物：巴克莱/花旗证券前亚洲首席半导体分析师陆行之

与台积电无利益冲突的客户群（苹果公司、塞灵思、辉达、博通/安华高、瑞萨、谷歌、海思、联发科）数量庞大，不断追求先进制程，投入研发，改善设计规则，现与台积电共同改善制程良率、降低成本，以加快量产速度。

台积电有一半以上产能已完全折旧，可做成熟制程，而且以5年为期折旧新机器设备，约可使用15年以上，这样可提供足够的现金流，以大量投资初期获利较差的最先进制程。（摘自《今周刊》，2016年8月29日，第24页）

表4-88 损益表

营业外支出（利息）	六类杠杆程度之2财务杠杆程度 $=\dfrac{营业净利}{营业净利-利息}$
税前净利	
-所得税费用	
=净利	

知识维生素

2016年台积电有关财务风险的年报

（1）经济风险之影响及因应措施。包括利率、汇率、物价、融资、商业信用、市场风险等。

（2）策略性投资之风险。

（3）减少损失之风险及因应措施。

17－6 财务杠杆程度——财务风险的衡量

“跑三点半”的公司指现金快不足以支付应付票据的公司，这是速动比率的现实写照。

一、财务杠杆程度大致分解

1. “财务管理”课程中的财务杠杆

在“财务管理”课程中最重要的观念是“借钱赚钱”，称为“正的财务杠杆”；“借钱赔钱”称为“负的财务杠杆”。一般把“借钱去投资而赚钱”称为“财务杠杆”，详见表4－89与图4－5所示，杠杆是物理中的力学观念，运用于财务，称为“财务杠杆”。

表4－89 财务杠杆程度公式

$$财务杠杆程度=\frac{营业净利}{营业净利-利息}$$

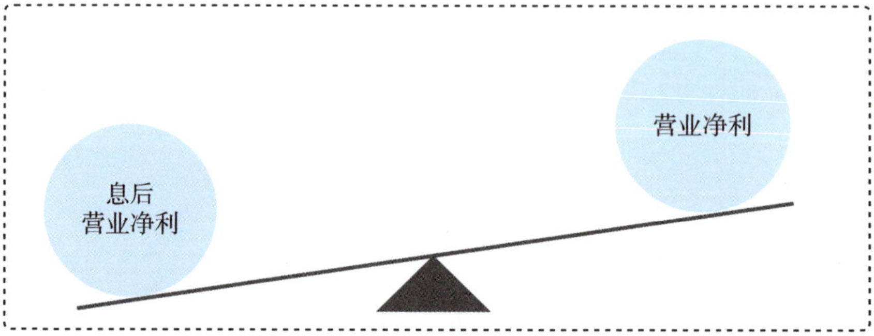

图4－5 财务杠杆

2. 财务比率中的财务杠杆程度

六类杠杆程度之2财务杠杆程度比财务杠杆多了程度，观念相近。

二、财务杠杆程度的分子、分母

1. 分子

营业净利。

2. 分母

息后营业获利，公司借款付利息后，余下的才是营业净赚的。

三、财务杠杆程度的含义

由单元 17－2 的表 4－83 中可以看出财务杠杆程度的含义。

1. 式（2）让人不知所云

单单看式（2）并不能看出分子、分母跟财务风险有什么关系，分母是本业获利的振动幅度，分子是每股盈余的振动幅度。

2. 式（4）才勉强摸得到边

定义经过推导得到式（4），分母为营业获利减利息，分子为营业净利。

3. 财务杠杆程度越大越坏

由三个极端值来看财务杠杆程度的含义。

（1）当利息为 0 时，财务杠杆程度等于 1。

当利息费用极小甚至为 0 时，财务杠杆程度等于 1。以净利 1,000 亿元以上的鸿海来说，利息 140 亿元，财务杠杆倍数为 1.1 倍。

（2）当分母中的营业净利等于利息时，财务杠杆程度无限大。对于净利小的公司，此时财务杠杆倍数无限大。

（3）当分母中的营业净利小于利息，出现负值时最惨，当公司本业赚的钱不够付利息时，财务杠杆倍数为负值。

知识维生素

"财务管理"课程中的财务杠杆

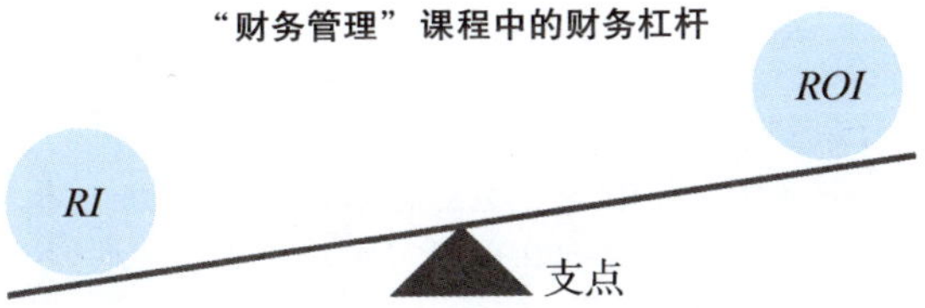

范围	成本率	报酬率
广义	加权平均资本资金成本率（WACC）	资产报酬率（ROA）
狭义	贷款利率（Rl）	投资报酬率（ROI）或权益报酬率（Re）

17－7 两种杠杆程度——以台积电为例

两种杠杆程度同时看且以一家公司的数据代入计算公式，才能一窥究竟（见表4－90）。

表4－90　两种杠杆程度：以2016年台积电为例　　单位：亿元

杠杆程度	公式	2016年台积电
一、营业杠杆程度	$=\frac{\text{固定成本及费用}}{\text{营业净利}}$ $=\frac{\text{营收}-\text{变动营业成本及费用}}{\text{营业净利}}$ 逻辑上，营业杠杆程度越低越好，即“身”轻如燕、“包袱”轻	2.15倍 $=\frac{9,479-1,354}{3,779}$ $=\frac{8,125}{3,779}$ • 成本率50% • 费用率10% （2）固定成本费用率14.28% （3）变动成本费用率35.72%
二、财务杠杆程度	$=\frac{\text{营业净利}}{\text{营业净利}-\text{利息}}$ 逻辑上，营业杠杆程度越接近1越好，代表利息比重小	1.01倍 $=\frac{3,779}{3,779-33.06}$ $=\frac{3,779}{3,745.94}$

注：1,354是本书倒算出来的。

一、台积电的营业杠杆程度

由固定资产周转率可知台积电固定资产占资产的52.9%、折旧费用2201亿元占营收的23.2%，固定资产折旧是台积电的最大项固定成本，公司就算放假，机台的折旧费用还是每天都在摊提。

从这一角度来看，台积电的营业杠杆程度还没看到数字就可看出大方向。

1. 趋势分析

由表4－91可见，自2014年以来，营业杠杆倍数逐渐变小。当固定资产净额成长速度大于营业净利时，分子跑的速度比分母跑的速度快，整个除式结果（营业杠杆倍数）就会越来越小。

表4－91　2011—2015年台积电与联电营业杠杆程度（%）

公司	2011年	2012年	2013年	2014年	2015年
台积电	2.05	2.32	2.40	2.15	2.26
联电	—	93.24	21.67	9.82	9.78

跟固定资产周转率结合起来看，台积电固定资产周转率越来越大，足见台积电使用机台程度变大。

2. 2016 年情况

2016 年因营收成长率为 10.57%，台积电资本支出增加 704 亿元，扣掉固定资产折旧率（固定成本最大项），增加 8 亿元，成长 696 亿元。

如此一来，营业杠杆倍数比 2016 年更低了，机台增加了。

3. 台积电与联电比较

2016 年台积电营业杠杆程度只有联电的 2%，联电扛的固定成本“沉重”。像全球 3C 产品代工大王鸿海，营业杠杆倍数约 1.6 倍，固定成本占营收约 13%。

二、台积电的财务杠杆程度

台积电的财务杠杆程度几近于 1 倍，由公式可见，一定是利息小到几乎不存在。如此一来，台积电公司完全不用怕付不出利息，即财务风险几乎为 0。

1. 趋势分析

由单元 11－3 可见，2011 年台积电逐渐增加举债金额，负债比率逐年增加，利息支出逐年提高。

但由于利息支出 33 亿元只占营业净利的 0.8%，所以代入财务杠杆程度公式几乎影响不大，以致 5 年来此数字一直停留在 1.01 倍左右。

2. 2015 年情况为 1.01

2016 年情况亦如前。

3. 台积电与联电比较

台积电财务杠杆程度跟联电相近，皆在 1.1 倍左右，原因如下：负债比率相近，且其中付息的负债（银行贷款和公司债）占负债比率极低，且负债利率又低（在 1.8% 以下），如此一来，利息费用极少。以台积电为例，利息费用占营收的 0.38%。

表 4－92　2012—2016 年台积电与联电财务杠杆程度（%）

公司	年份				
	2012 年	2013 年	2014 年	2015 年	2016 年
台积电	1.01	1.01	1.01	1.01	1.01
联电	2.16	1.17	1.07	1.05	1.25

表 4－93　2015—2016 年台积电（合并）损益表（简式）

<table>
<tr><th colspan="2">科目</th><th colspan="2">2015 年</th><th colspan="2">2016 年</th></tr>
<tr><td colspan="2">营业收入净额</td><td>8,435 亿元</td><td>100%</td><td>9,479 亿元</td><td>100%</td></tr>
<tr><td colspan="2">营业成本</td><td>4,331 亿元</td><td>51%</td><td>4,731 亿元</td><td>50%</td></tr>
<tr><td colspan="2">营业毛利</td><td>4,104 亿元</td><td>49%</td><td>4,748 亿元</td><td>50%</td></tr>
<tr><td rowspan="4">营业费用</td><td>研究发展费用</td><td>655 亿元</td><td>8%</td><td>712 亿元</td><td>7%</td></tr>
<tr><td>管理费用</td><td>172 亿元</td><td>2%</td><td>198 亿元</td><td>2%</td></tr>
<tr><td>营销费用</td><td>58 亿元</td><td>1%</td><td>59 亿元</td><td>1%</td></tr>
<tr><td>合计</td><td>884 亿元</td><td>11%</td><td>969 亿元</td><td>10%</td></tr>
<tr><td colspan="2">其他营业收益及费损净额</td><td>19 亿元</td><td>—</td><td>0.3 亿元</td><td>—</td></tr>
<tr><td colspan="2">营业净利</td><td>3,200 亿元</td><td>38%</td><td>3778.7 亿元</td><td>40%</td></tr>
<tr><td rowspan="6">营业外收入及支出</td><td>采用权益法认列之关联企业及合资损益份额</td><td>41.00 亿元</td><td>—</td><td>34.95 亿元</td><td>—</td></tr>
<tr><td>其他收入</td><td>47.50 亿元</td><td>1%</td><td>64.54 亿元</td><td>1%</td></tr>
<tr><td>外币兑换净值</td><td>24.80 亿元</td><td>—</td><td>11.61 亿元</td><td>—</td></tr>
<tr><td>财务成本</td><td>31.3 亿元</td><td>—</td><td>35.00 亿元</td><td>—</td></tr>
<tr><td>其他利益及损失</td><td>222.00 亿元</td><td>3%</td><td>1.95 亿元</td><td>—</td></tr>
<tr><td>合计</td><td>304 亿元</td><td>4%</td><td>78.05 亿元</td><td>1%</td></tr>
<tr><td colspan="2">税前净利</td><td>3504 亿元</td><td>41%</td><td>3700.62 亿元</td><td>42%</td></tr>
<tr><td colspan="2">所得税费用</td><td>439 亿元</td><td>6%</td><td>222 亿元</td><td>6%</td></tr>
<tr><td colspan="2">净利</td><td>3045 亿元</td><td>35%</td><td>3478.62 亿元</td><td>36%</td></tr>
<tr><td rowspan="2">每股盈余</td><td>基本每股盈余</td><td colspan="2">12.89 元</td><td colspan="2">11.82%</td></tr>
<tr><td>稀释每股盈余</td><td colspan="2">12.89 元</td><td colspan="2">11.82%</td></tr>
</table>

表 4-94 台积电（合并）资产负债表

科目	2015 年 12 月 31 日		2016 年 12 月 31 日	
资产	—	—	—	—
流动资产	—	—	—	—
现金及约当现金	5,627 亿元	34%	5,412 亿元	29%
透过损益按公允价值衡量之金融资产	—	—	64 亿元	—
备供出售金融资产	143 亿元	1%	678 亿元	4%
持有至到期日金融资产	91.6 亿元	1%	166 亿元	1%
避险之衍生金融资产	—	—	—	—
应收票据及账款净额	850 亿元	5%	1,283 亿元	7%
应收关系人账款	5.05 亿元	—	9.0 亿元	—
其他应收关系人账款	1.25 亿元	—	1.00 亿元	—
存货	670 亿元	4%	487 亿元	3%
其他金融资产	43 亿元	—	41 亿元	—
其他流动资产	36.1 亿元	—	36 亿元	—
流动资产合计	7,467 亿元	45%	8,177 亿元	44%
非流动资产	—	—	—	—
持有至到期日金融资产	69 亿元	—	223 亿元	1%
以成本衡量之金融资产	40 亿元	—	41 亿元	—
采用权益法之投资	241 亿元	2%	197 亿元	1%
不动产、厂房及设备	8,534 亿元	52%	9,978 亿元	53%
无形资产	140 亿元	1%	146 亿元	1%
递延所得税资产	63.85 亿元	—	82.7 亿元	—
存出保证金	4.3 亿元	—	4 亿元	—
其他非流动资产	15.85 亿元	—	15 亿元	—
非流动资产合计	9,108 亿元	55%	10,687 亿元	56%
资产总计	16,575 亿元	100%	18,864 亿元	100%

表 4-95 负债及权益

科目	2015 年 12 月 31 日		2016 年 12 月 31 日	
流动负债	—	—	—	—
短期借款	395 亿元	2%	579 亿元	3%
透过损益按公允价值衡量之金融负债	—	—	—	—
应付账款	186 亿元	1%	260 亿元	2%
应付关系人账款	11.4 亿元	—	0	—
应付薪资及奖金	117 亿元	1%	137 亿元	1%
应付员工酬劳及董监酬劳	210 亿元	1%	229 亿元	1%
应付工程及设备款	260 亿元	2%	631 亿元	3%
当期所得税负债	329 亿元	2%	403 亿元	2%
负债准备	101 亿元	1%	180 亿元	1%
一年内到期长期负债	235 亿元	1%	381 亿元	2%
应付费用及其他流动负债	277.6 亿元	2%	366.0 亿元	2%
流动负债合计	2,122 亿元	13%	3166 亿元	17%
非流动负债	—	—	—	—
应付公司债	1,919.6 亿元	12%	1,531 亿元	8%
长期银行借款	—	—	—	—
递延所得税负债	—	—	—	—
净确定福利负债	—	—	—	—
存入保证金	215 亿元	1%	146 亿元	1%
其他非流动负债	—	—	—	—
非流动负债合计	2134.6 亿元	13%	1677 亿元	9%
负债合计	4246.6 亿元	26%	4843 亿元	26%

表 4－96　归属于母公司业主之权益

归属于母公司业主之权益	2015 年 12 月 31 日		2016 年 12 月 31 日	
股本	—	—	—	—
普通股股本	2, 593 亿元	16%	2, 593 亿元	14%
资本公积	563 亿元	3%	562 亿元	3%
保留盈余	—	—	—	—
法定盈余公积	1, 776 亿元	11%	2, 083 亿元	11%
未分配盈余	7, 166 亿元	43%	8, 637 亿元	46%
保留盈余合计	8, 942 亿元	54%	10, 720 亿元	57%
其他权益	118 亿元	1%	—	—
母公司权益合计	12, 216 亿元	74%	13875 亿元	74%
非控制权益	10 亿元	—	8 亿元	—
权益合计	12, 226 亿元	74%	13883 亿元	74%
负债及权益总计	16, 575 亿元	100%	18, 864 亿元	100%

表 4 -97　2012—2016 年台积电与联电的财务比率

分析项目			台积电					联电				
			2012年	2013年	2014年	2015年	2016年	2012年	2013年	2014年	2015年	2016年
财务结构	负债占资产比率/%		24. 78	32. 88	30. 01	26. 24	26. 31	27. 24	28. 21	28. 17	32. 18	43. 43
财务结构	长期资金占固定资产比率/%		131. 63	135. 40	158. 16	169. 34	157. 17	148	148	155	148	124
财务结构	流动比率/%		168. 60	188. 90	311. 70	351. 86	256. 95	199	184	201	196	153
偿债能力	速动比率/%		142. 39	168. 57	278. 03	319. 58	241. 34	161	148	151	155	115
偿债能力	利息保障倍数		177. 92	82. 41	94. 34	110. 84	117. 74	9	19	14	16	4. 3
偿债能力	应收账款周转率/次		9. 64	9. 11	8. 12	8. 37	8. 78	7. 48	7. 47	7. 15	6. 96	0. 98
经营能力	平均收现日数/天		37. 86	40. 06	44. 95	43. 61	41. 57	49	49	51	53	52
经营能力	存货周转率/次		8. 38	8. 39	7. 42	6. 49	8. 18	7. 49	7. 42	7. 40	6. 86	6. 78
经营能力	应付账款周转率/次		19. 38	20. 01	19. 39	20. 10	20. 11	17. 09	14. 66	15. 93	18. 65	18. 30
经营能力	平均销货日数/天		43. 56	43. 49	49. 19	56. 24	44. 62	49	49	49	53	54
经营能力	固定资产周转率/次		0. 91	0. 85	0. 95	1. 01	1. 02	0. 77	0. 77	0. 85	0. 82	0. 72
经营能力	总资产周转率/次		0. 58	0. 54	0. 55	0. 54	0. 57	0. 41	0. 43	0. 46	0. 45	0. 41
经营能力	资产报酬率/%		19. 19	17. 11	19. 33	19. 62	19. 03	1. 63	4. 35	3. 96	4. 07	1. 35
经营能力	股东权益报酬率/%		24. 68	24. 00	27. 86	27. 04	25. 60	3. 01	6. 16	5. 66	6. 00	3. 75
获利能力	占实收资本比率/%	营业利益	68. 89	80. 77	114. 10	123. 43	145. 76	—	—	—	—	—
获利能力	占实收资本比率/%	税前纯益	70. 08	83. 11	116. 5	135. 14	148. 84	6. 41	11. 71	11. 11	11. 20	7. 35
获利能力	纯益率/%		32. 78	31. 49	34. 58	36. 34	35. 27	3. 66	9. 78	8. 20	8. 68	2. 61
获利能力	每股盈余/元		6. 42	7. 26	10. 18	11. 82	12. 89	0. 49	1. 01	0. 97	1. 08	0. 68
现金流量	现金流量比率/%		191. 93	183. 05	209. 70	249. 67	169. 63	100. 69	90. 00	93. 10	124. 45	64. 53
现金流量	现金流量允当比率/%		124. 71	88. 35	92. 15	103. 82	108. 57	69. 49	86. 40	90. 40	89. 02	75. 74
现金流量	现金再投资比率/%		11. 46	12. 16	13. 04	13. 76	11. 51	4. 60	5. 02	5. 44	5. 93	4. 11
杠杆度	营运杠杆程度/倍		2. 32	2. 40	2. 15	2. 26	2. 15	93. 24	21. 67	9. 82	9. 78	17. 77
杠杆度	财务杠杆程度/倍		1. 01	1. 01	1. 01	1. 01	1. 01	2. 16	1. 17	1. 07	1. 05	1. 25